Shoah und Dialog bei Primo Levi und Ruth Klüger

STUDIEN ZUR DEUTSCHEN UND EUROPÄISCHEN LITERATUR DES 19. UND 20. JAHRHUNDERTS

Begründet von Dieter Kafitz, Franz Norbert Mennemeier und Erwin Rotermund

Herausgegeben von Bernhard Spies

BAND 69

Aglaia Bianchi

Shoah und Dialog bei Primo Levi und Ruth Klüger

Bibliografische Information der Deutschen Nationalbibliothek
Die Deutsche Nationalbibliothek verzeichnet diese Publikation
in der Deutschen Nationalbibliografie; detaillierte bibliografische
Daten sind im Internet über http://dnb.d-nb.de abrufbar.

ISSN 0946-9168
ISBN 978-3-631-64656-4 (Print)
E-ISBN 978-3-653-04085-2 (E-Book)
DOI 10.3726/978-3-653-04085-2

© Peter Lang GmbH
Internationaler Verlag der Wissenschaften
Frankfurt am Main 2014
Alle Rechte vorbehalten.
Peter Lang Edition ist ein Imprint der Peter Lang GmbH.

Peter Lang – Frankfurt am Main · Bern · Bruxelles ·
New York · Oxford · Warszawa · Wien

Das Werk einschließlich aller seiner Teile ist urheberrechtlich
geschützt. Jede Verwertung außerhalb der engen Grenzen des
Urheberrechtsgesetzes ist ohne Zustimmung des Verlages
unzulässig und strafbar. Das gilt insbesondere für
Vervielfältigungen, Übersetzungen, Mikroverfilmungen und die
Einspeicherung und Verarbeitung in elektronischen Systemen.

Dieses Buch erscheint in der Peter Lang Edition
und wurde vor Erscheinen peer reviewed.

www.peterlang.com

Mein herzlichster Dank gilt Frau Univ.-Prof. Dr. Dagmar von Hoff und Frau Prof. Dr. Véronique Liard für ihre Betreuung und für die zahlreichen Anregungen. Außerdem danke ich Herrn Univ.-Prof. Dr. Bernhard Spies für die Möglichkeit dieser Publikation. Ich möchte ebenfalls Frau Prof. Dr. Marie-Claire Méry und Frau Prof. Dr. Margherita Versari für die Betreuung meiner Arbeit danken. Mein Dank geht schließlich auch an meine Lektoren Bernadette Appel, Catherine Dedié und Steffen Bußer sowie an meine Familie und Freunde, die mich bei der Entstehung und Korrektur dieser Arbeit liebevoll und geduldig unterstützt haben. Nicht zuletzt möchte ich auch Ruth Klüger für eine beeindruckende Begegnung danken.

Non spaventarti se il lavoro è molto:
C'è bisogno di te, che sei meno stanco.
(Primo Levi, *Delega*)

Werdet streitsüchtig, sucht die Auseinandersetzung.
(Ruth Klüger, *weiter leben*)

Inhaltsverzeichnis

Einleitung 11

1. Der Dialog als Strategie der persönlichen
   Auseinandersetzung mit der Shoah 23
   1.1. Die Kommunikation im KZ als Überlebensstrategie 23
   1.2. Der Dialog mit der Literatur 29
   1.3. Der Dialog mit den Deutschen 42
   1.4. Der Dialog mit den Toten 52

2. Der Dialog als Strategie der öffentlichen Auseinandersetzung
   mit der Shoah 59
   2.1. Der Dialog mit den Lesern 60
   2.2. Die Mauer des Schweigens: die Ablehnung der Auseinandersetzung ... 68
   2.3. Das „Shoah-Business": Trivialisierung
        und KZ-Kitsch 74
   2.4. Die Verleugnung der Shoah: Revisionismus,
        Auschwitzlüge, Historikerstreit 82

3. Der Dialog im Kontext der Shoah-Literatur 89
   3.1. Jean Améry, *Jenseits von Schuld und Sühne* 90
   3.2. Hermann Langbein, *Menschen in Auschwitz* 100
   3.3. Peter Weiss, *Meine Ortschaft* 102
   3.4. Theodor W. Adorno: „[N]ach Auschwitz ein
        Gedicht zu schreiben, ist barbarisch" 106
   3.5. Paul Celan, *Todesfuge* 111
   3.6. *Holocaust* und *Shoah*: die filmische Darstellung der Shoah ... 114

Schlussbetrachtungen: Levi, Klüger und der Dialog 123

Literaturverzeichnis 131

Einleitung[1]

Die Auseinandersetzung mit der Shoah[2] ist von ihren Anfängen in der Nachkriegszeit bis heute aufgrund ihres singulären Charakters „ein zentrales Element des Selbstverständnisses der Deutschen geworden, aber auch der Vertreter und Träger der abendländischen Zivilisation insgesamt"[3]. Sie zeichnet sich durch eine komplizierte Konstellation von paradoxen Situationen und Anforderungen aus. Insbesondere die Überlebenden, die unter den Autoren der Shoah-Literatur die Mehrheit bilden, sehen sich mit derartigen Widersprüchen konfrontiert.

Mit ihrer Entscheidung, Zeugnis ablegen zu wollen oder nicht, finden sich die Überlebenden vor einer „paradoxen Situation der gleichzeitigen Notwendigkeit und Unmöglichkeit dieses Unterfangens"[4] wieder. Sie bemühen sich, eine Form für ihre Aussage zu finden, die das Gleichgewicht zwischen der Wiedergabe der persönlichen traumatischen Erfahrung und der für die Glaubwürdigkeit angestrebten Objektivität bewahren kann, und müssen erkennen, dass die herkömmlichen literarischen Gattungen dem Gegenstand

---

1 Bei der vorliegenden Arbeit handelt es sich um eine überarbeitete Fassung meiner 2011 an der Johannes Gutenberg-Universität Mainz, der Université de Bourgogne und der Università di Bologna eingereichten Magisterarbeit.
2 Beide Metaphern ‚Shoah' und ‚Holocaust' zur Bezeichnung des systematisch betriebenen Massenmordes der Nationalsozialisten an den europäischen Juden und an anderen Opfergruppen haben sich in der Forschung durchgesetzt und werden in der vorliegenden Arbeit verwendet. Ich bevorzuge dennoch den Begriff ‚Shoah' aus doppeltem Grund: er ist weniger religiös geprägt als ‚Holocaust' (Holocaust wird in der Bibel für Brandopfer verwendet) und bezieht sich eher auf die Vernichtung der Juden, worum es in dieser Arbeit hauptsächlich geht. ‚Holocaust' hingegen schließt auch die Vernichtung der anderen Opfergruppen mit ein. (vgl. Sascha Feuchert: *Ruth Klüger. Weiter leben: Eine Jugend*. Stuttgart: Reclam 2004, S. 52 und 57f).
3 Michael Hoffmann: *Literaturgeschichte der Shoah*. Münster: Aschendorff 2003, S. 7.
4 Elisabeth H. Debazi: *Zeugnis – Erinnerung – Verfremdung. Literarische Darstellung und Reflexion von Holocausterfahrung*. Marburg: Tectum 2008, S. 58.

kaum angemessen sind, oder erst nach einer gründlichen Überarbeitung.⁵ Die Autobiographie zum Beispiel, die in der Literatur als eine der subjektivsten Gattungen gilt, muss sich mit dem ihr fremden Objektivitätsanspruch auseinandersetzen.⁶ Darüber hinaus scheint die menschliche Sprache angesichts einer adäquaten Beschreibung der entmenschlichten Welt der Konzentrationslager⁷ zu versagen, denn

> Come questa nostra fame non è la sensazione di chi ha saltato un pasto, così il nostro modo di avere freddo esigerebbe un nome particolare. Noi diciamo «fame», diciamo «stanchezza», «paura», e «dolore», diciamo «inverno», e sono altre cose. Sono parole libere, create e usate da uomini liberi che vivevano, godendo e soffrendo, nelle loro case. Se i Lager fossero durati più a lungo, un nuovo aspro linguaggio sarebbe nato; e di questo si sente il bisogno per spiegare cosa è faticare l'intera giornata nel vento, sotto zero, con solo indosso camicia, mutande, giacca e brache di tela, e in corpo debolezza e fame e consapevolezza della fine che viene.⁸

---

5   Vgl. Alvin Rosenfeld: *Ein Mund voll Schweigen*, S. 38, zitiert nach: Elisabeth H. Debazi, *Zeugnis – Erinnerung – Verfremdung*, S. 95.
6   Vgl. Ruth Klüger: „Zum Wahrheitsbegriff in der Autobiographie". In: *Autobiographien von Frauen. Beiträge zu ihrer Geschichte*. Hrsg. von Magdalene Heuser. Tübingen: Niemeyer 1996, S. 405–410.
7   Im Folgenden KZ.
8   Primo Levi: *Se questo è un uomo*. Torino: De Silva 1947. Neuausgabe Torino: Einaudi 1958, S. 156. Im Folgenden wird das Werk aus dieser Ausgabe unter der Sigle SQ zitiert. „Ebenso wie unser Hunger nicht mit der Empfindung dessen zu vergleichen ist, der eine Mahlzeit ausgelassen hat, verlangt auch unsere Art zu frieren nach einem eigenen Namen. Wir sagen ‚Hunger', wir sagen ‚Müdigkeit', ‚Angst' und ‚Schmerz', wir sagen ‚Winter', und das sind andere Dinge. Denn es sind freie Worte, geschaffen und benutzt von freien Menschen, die Freud und Leid in ihrem Zuhause erlebten. Hätten die Lager länger bestanden, wäre eine neue, harte Sprache geboren worden; man braucht sie einfach, um erklären zu können, was das ist, sich den ganzen Tag abzuschinden in Wind und Frost, nur mit Hemd, Unterhose, leinener Jacke und Hose am Leib, und in sich Schwäche und Hunger und das Bewußtsein des nahenden Endes." Primo Levi: *Ist das ein Mensch? Ein autobiographischer Bericht*, übers. v. Heinz Riedt. Frankfurt a.M.: Fischer 1961. Neuausgabe München: Hanser 1987, dtv 1992, S. 119. Im Folgenden wird das Werk aus der dtv-Ausgabe unter der Sigle IM zitiert.

Diese „zum Teil unüberbrückbar scheinende Kluft zwischen Sprache und Erlebten"[9] hat zum Topos der ‚Unsagbarkeit' der Shoah geführt, was aber die Gefahr der „Gleichgültigkeit und im schlimmsten Fall [...] Leugnung der Erfahrungen"[10] in sich trägt, da so jeder Versuch des Verstehens und des Mitleids als aussichtslos erscheint.[11] Die Überlebenden müssen außerdem die ablehnende Haltung ihres Umfeldes überwinden, das besonders in der Nachkriegszeit eine Auseinandersetzung mit der jüngsten Vergangenheit zurückweist, sowie ihre eigene Angst, sich durch das Schreiben mit dem traumatischen Erlebnis erneut konfrontieren zu müssen.[12] Sie empfinden jedoch auch eine Art Drang, zu erzählen, eine Notwendigkeit, Zeugnis über die Shoah abzulegen. Ihr Hauptanliegen dabei ist vor allem, die Erinnerung der Shoah auf privater und auch auf öffentlicher Ebene zu bewahren. Bei manchen, darunter vor allem Primo Levi, kommt auch die Bemühung dazu, das Geschehene versuchsweise zu verstehen. Außerdem legen die Überlebenden Zeugnis ab, um den Ermordeten eine Stimme zu verleihen und sie dadurch vor dem Vergessen zu bewahren. Das ambivalente Verhältnis zu den Ermordeten der Shoah ist eine zweite paradoxe Situation, in der sich die Überlebenden befinden: In der Shoah-Literatur soll Zeugnis von den Opfern der Shoah abgelegt werden, diese Opfer können aber nicht mehr aussagen, da sie ermordet wurden. Diese Aufgabe fällt somit den Überlebenden zu, die jedoch gerade durch ihr Überleben eine andere Geschichte durchlitten haben als die Ermordeten. Diese Situation, die der Shoah eigen ist und auch von den Nazis vorgesehen war, zieht mehrere schwerwiegende Konsequenzen nach sich. Die Rettungsgeschichten der Überlebenden werden zum einen von Holocaust-Leugnern als Beweis dafür präsentiert, dass die Shoah doch nicht so schlimm gewesen sei.[13] Zum anderen wird die Zeugenschaft der Überlebenden in Frage gestellt, denn dadurch, dass sie

---

9   Elisabeth H. Debazi: *Zeugnis – Erinnerung – Verfremdung*, S. 90.
10 Sem Dresden: *Holocaust und Literatur*. Frankfurt a.M.: Jüdischer Verlag 1997, S. 259.
11 Vgl. ebenda.
12 Vgl. Elisabeth H. Debazi: *Zeugnis – Erinnerung – Verfremdung*, S. 81.
13 Vgl. Phil C. Langer: *Schreiben gegen die Erinnerung? Autobiographien von Überlebenden der Shoah*, Hamburg: Krämer 2002, S. 39.

überlebt haben, haben sie die Shoah im Sinne der Judenvernichtung nicht bis zum Ende erlebt. Schließlich besteht die Gefahr, dass die Rettungsgeschichten der Überlebenden als repräsentativ für das Schicksal aller Verfolgten rezipiert werden, obwohl die Überlebenden eine winzige Minderheit darstellen und eine unvorhergesehene Ausnahme innerhalb des nationalsozialistischen Judenvernichtungsprogramms bilden.

Eine weitere Besonderheit der Shoah-Literatur besteht darin, dass sie sich im Spannungsfeld zwischen Historiographie, Zeugnis und Kunst verortet.[14] Sie ist untrennbar mit der Geschichte verbunden, was weitreichende und unabsehbare Konsequenzen beinhaltet. Zunächst stellt sich die Frage, ob die Literatur zur Wiedergabe des Grauens überhaupt geeignet sei, oder ausschließlich Dokumente und Akten. Der Literatur wird Ästhetisierung vorgeworfen, was die Ausmaße des Grauens der Shoah verfälschen und verharmlosen würde; so wird an mancher Stelle behauptet, nur Dokumente seien in der Lage, den äußersten Schrecken der KZs bewahren und wiedergeben zu können.[15] Andere, unter ihnen auch die Autorin Ruth Klüger, betonen die Notwendigkeit der literarischen Deutungen, um das Geschehene begreifen zu können; auf die Meinung, man möge sich mit der Shoah überhaupt nicht literarisch auseinandersetzen, sondern nur „Dokumente sprechen lassen", antwortet Klüger:

> Nun sprechen Dokumente aber nicht. [...] Wenn wir die literarische Verarbeitung ablehnen, so lehnen wir eigentlich nur die bessere, differenziertere Deutung ab, nicht aber die Deutung schlechthin. Wir denken und deuten ja auch, wenn wir die Dokumente sehen.[16]

Wenn auch literarisch gestaltet (und vielleicht gerade dann), behält die Beschäftigung mit der Shoah einen hohen Wahrheitsanspruch: Die in diesem

---

14 Elisabeth H. Debazi: *Zeugnis – Erinnerung – Verfremdung*, S. 81.
15 Vgl. ebenda.
16 Ruth Klüger: „Dichten über die Shoah. Zum Problem des literarischen Umgangs mit dem Massenmord". In: *Spuren der Verfolgung. Seelische Auswirkungen des Holocaust auf die Opfer und ihre Kinder*. Hrsg. von Gertrud Hardtmann. Gerlingen: Bleicher 1992, S. 203–221, hier S. 214.

Rahmen entstandenen Texte sind eng mit der Wirklichkeit und dem Autor verbunden und man kann nicht ohne weiteres, wie vielleicht bei anderen literarischen Gattungen, von Textautonomie sprechen.

> [...] [D]as real Geschehene ist unverrückbare Vorgegebenheit. Ein literarisches Werk über den Genozid zeugt nicht von sich selbst und ist nicht nur Erzeugung einer eigenen Wirklichkeit, es mißt sich vielmehr an einer außerliterarischen Referenz.[17]

Gerade die persönlichen Berichte über die eigenen Erfahrungen im KZ weisen eine außergewöhnliche und starke Verbindung zwischen der Authentizität der persönlichen Erfahrung und der Faktizität des Zeugnisses auf, wie Langer feststellen konnte: „Die Authentizität einer Autobiographie verbürgt so für die Faktizität der Aussage, wird zum Kriterium der historischen Wahrheit, das individuelle Dort-Gewesen-Sein zum Beleg für das objektive So-Gewesen-Sein der Shoah an sich"[18]. Schließlich besteht die Gefahr, dass die Texte der Shoah-Literatur von einem unerfahrenen Leser als historische Quellen rezipiert werden, also als reine Dokumente, und dass die Filterung des literarischen Mediums nicht wahrgenommen wird, was zu Missdeutungen der Shoah führen kann; es wurde deshalb von manchen Autoren nach Möglichkeiten gesucht, dem Leser eben diesen literarischen Filter bewusst zu machen (zum Beispiel durch die Verhinderung der Identifikation des Lesers mit den Protagonisten der erzählten Geschichte).

Die Autoren der Shoah-Literatur, die vor eine solche komplizierte Situation gestellt sind, suchen auf ihre eigene Weise nach Möglichkeiten, die Fragen und Paradoxien der Shoah-Literatur in ihren Werken zu problematisieren und diese dem Leser näher zu bringen. Unter diesen Autoren befinden sich auch der Italiener Primo Levi und die gebürtige Wienerin Ruth Klüger, die sich mit diesen Fragen auf originelle Weise auseinandersetzen, nämlich durch einen dialogischen Ansatz.

---

17 Judith Klein: *Literatur und Genozid. Darstellungen der nationalsozialistischen Massenvernichtung in der französischen Literatur*. Wien [u.a]: Böhlau 1992, S. 38.
18 Phil C. Langer: *Schreiben gegen die Erinnerung?*, S. 38.

Der Dialog, aus dem Griechischem διαλόγος, ‚Zwiegespräch‘[19] wird im Allgemeinen als „schriftliche[s] oder mündliche[s] Zwiegespräch, [...] Hauptform direkter zweiseitiger Kommunikation in Frage und Antwort"[20] verstanden. Zahlreiche Grundmerkmale des Dialogs spielen im Bereich der Auseinandersetzung mit der Shoah eine bedeutende Rolle. Am Wichtigsten erscheint die aktive Teilnahme beider Gesprächspartner, die dem Dialog eigen ist.[21] Die aktive Teilnahme beider Gesprächspartner charakterisiert nicht nur den Dialog im Allgemeinen, sondern liegt auch der Sokratischen Methode zugrunde. In der von Sokrates als Mäeutik, also wortwörtlich ‚Hebammenkunst‘ bezeichneten Methode wird der Gesprächspartner im Dialog durch gezieltes Fragen dazu geführt, die gesuchte Erkenntnis nicht irgendwo in der externen Welt, sondern in sich selbst zu finden.[22] Dementsprechend wird der Schüler nicht belehrt, sondern muss eine aktive Rolle übernehmen und durch die eigene Reflexion zum Ergebnis gelangen. Die mit dem dialogischen Ansatz verbundene Notwendigkeit der aktiven Teilnahme und der eigenen Reflexion spielt eine grundlegende Rolle in Levis und Klügers Wahl des Dialogs als Strategie der Auseinandersetzung mit der Shoah, denn beide Autoren versuchen, die Leser (und die Gesellschaft im Allgemeinen) zu einer aktiven Reflexion über die Shoah anzuregen. Außerdem ermöglicht der reflexive und wechselseitige Dialog, die Nüchternheit zu bewahren, was Levi und Klüger dabei hilft, die Beschäftigung mit der Shoah von Sentimentalität frei zu halten. Der Dialog betont auch die Aktualität des Gegenstands, was Levi

---

19 Friedrich Kluge: *Etymologisches Wörterbuch der deutschen Sprache*. 21. unveränderte Auflage. Berlin [u.a.]: De Gruyter 1975, S. 130; Stichwort *Dialog*.
20 „Dialog". Artikel in: *Der Literatur Brockhaus*, Hrsg. u. Bearb. von Werner Habicht, Wolf-Dieter Lang u. d. Brockhaus-Red. Mannheim: Brockhaus 1988.
21 So betont zum Beispiel Engdahl in seinem Aufsatz *Monologizität und Dialogizität*: „Der Dialog setzt voraus, dass beide Teilnehmer aktiv sind und an dem Annäherungsprozess an den ‚Logos‘ Anteil haben" (Horace Engdahl: „Monologizität und Dialogizität – eine Dichotomie am Beispiel der schwedischen Romantik". In: *Dialogizität*. Hrsg. von Renate Lachmann, München: Fink 1982, S. 141–184, hier S. 143.
22 Vgl. Michael Erler: „Mäeutik". In: *Platon-Lexikon. Begriffswörterbuch zu Platon und der platonischen Tradition*. Hrsg. von Christian Schäfer. Darmstadt: WBG 2007, S. 193–194, hier S. 193.

und Klüger sehr am Herzen liegt: durch die Struktur von Rede und Gegenrede wird das Thema stets in der Gegenwart des Gesprächs gehalten.[23] Seit Sokrates und Platon spielt der Dialog darüber hinaus eine wichtige Rolle für die Suche nach dem Verstehen, denn er veranschaulicht Denkvorgänge und führt damit zu einer klareren Erkenntnis und zur Bewusstwerdung der eigenen Vorstellungen hinaus.[24] Durch den Dialog kommen beide Dialogpartner zu einem besseren Verständnis der Situation.[25] Die Rolle des Dialogs für den Verstehensprozess wurde vor allem von Hans-Georg Gadamer erforscht: dieser sieht die Dialogizität als Voraussetzung jeglichen Verstehens, denn dieses konstituiert sich nicht durch die „monologische Auslegung von Sinn" sondern durch eine „dialogische Suche nach Sinn"[26]. Ebenso spielt der Dialog für die eigene Identität eine bedeutende Rolle, denn diese zeichnet sich auch in Abgrenzung zu dem Anderen ab und wird im Gespräch gleichzeitig bestätigt und hinterfragt.[27] Schließlich ist zu bemerken, dass im Dialog, anders als im üblichen Gespräch, nicht nur die beiden Gesprächspartner eine wesentliche Rolle spielen, sondern auch der Gesprächsgegenstand:[28] Das ist im Falle Levis und Klügers besonders wichtig, da der Dialog einer tiefergehenden Beschäftigung mit der Shoah dient.

Abgesehen von der bei beiden vorzufindenden Strategie des Dialogs als Weg zu einer bewussteren Auseinandersetzung mit der Shoah unterscheiden

---

23 Dieser Aspekt wurde insbesondere von Gadamer vertieft: vgl. Jauss' Analyse der Hermeneutik Gadamers (Hans Robert Jauss: „Zum Problem des dialogischen Verstehens". In: *Dialogizität*. Hrsg. von Renate Lachmann, S. 11–24, hier S. 18f).

24 Vgl. Gero von Wilpert: „Dialog". Artikel in: Gero von Wilpert: *Sachwörterbuch der Literatur*. 8., verb. u. erw. Aufl. Stuttgart: Kröner 2001. Vgl. ebenfalls Detlef Horster: „Dialog". Artikel in: Peter Precht/Franz Peter Burckard: *Philosophie-Lexikon. Begriffe und Definitionen*. Stuttgart: Metzler 1996.

25 Vgl. Engdahl: „Monologizität und Dialogizität": „Die Antwort verändert den Sinn meiner Frage: Ich verstehe jetzt meine Frage anders als zuvor, muß sie korrigieren oder weiterführen", S. 143.

26 Hans Robert Jauss: „Zum Problem des dialogischen Verstehens", S. 18.

27 Vgl. Carolin Emcke: *Weil es sagbar ist. Über Zeugenschaft und Gerechtigkeit*. Frankfurt am Main: Fischer 2013, S. 52f.

28 Vgl. Horace Engdahl: „Monologizität und Dialogizität", S. 141.

sich Levi und Klüger bezüglich Leben und Werk so deutlich, dass zunächst eine Gegenüberstellung ihrer Biographien als sinnvoll erscheint.

Geboren 1919 in einer jüdischen Familie in Turin, wird der junge Chemiker Primo Levi 1943 als Kämpfer im italienischen Widerstand verhaftet, als Jude identifiziert und nach Auschwitz deportiert, wo er bis zur russischen Befreiung bleibt. Nach einer abenteuerlichen Rückkehr – die er im Buch *La Tregua*[29] (1963, dt. Übersetzung *Die Atempause*[30], 1964) erzählt – kehrt er 1945 zu seiner Familie, in seine Heimatstadt und in seinen Beruf des Chemikers zurück. Als Überlebender empfindet er es von Anfang an als seine Aufgabe, Zeugnis über seine Erlebnisse während der Shoah abzulegen und verfasst bereits 1946 sein erstes Buch *Se questo è un uomo* (dt. Übersetzung *Ist das ein Mensch?*, 1961). In diesem Werk erzählt er von seiner Erfahrung im KZ und versucht, seinen Lesern die Welt des Lagers zu erklären. Trotz der schon erwähnten Probleme und Widersprüche der Shoah-Literatur versucht er, dabei objektiv zu bleiben und einen nüchternen Schreibstil zu wahren, denn er – so Levi selbst – sei ein Zeuge und solle daher mit der Sprache eines Zeugen sprechen, nicht um zu berühren oder anzuklagen, sondern um die Leser von der Wahrheit des Erzählten zu überzeugen.[31] Nach einer nicht sehr erfolgreichen Anfangsphase erfährt das Buch ab dem Ende der 50er Jahre einen zunehmenden Erfolg und Levi wird zu einem der bekanntesten Autoren der Shoah-Literatur. Daneben geht er seinem ‚zweiten' Beruf – dem des Zeugen – auch in Form von Dichtung, Aufsätzen, Interviews, Gesprächen, Vorträgen usw. nach. Insbesondere die Interviews und Gespräche sind so zahlreich,[32] dass die dialogische Auseinandersetzung

---

29 Primo Levi: *La Tregua*, Torino: Einaudi 1963.
30 Primo Levi: *Die Atempause*, übers. v. Barbara und Robert Picht, Hamburg: Wegner 1964.
31 Vgl. Primo Levi in: Marco Vigevani: „Le parole, il ricordo, la speranza". In: *Bollettino della Comunità Israelitica di Milano*, XL, 5, 05.1984. Jetzt in: Primo Levi: *Conversazioni e interviste 1963–1987*. A cura di Marco Belpoliti. Torino: Einaudi 1997, S. 213–222, hier S. 213f.
32 Er soll mehr als 200 Interviews in seinem Leben gegeben haben, vgl. Marco Belpoliti, „Nota al testo". In: Primo Levi: *Conversazioni e interviste 1963–1987*, S. XXI–XXIII, hier S. XXI.

mit der Gesellschaft zu seinem ‚dritten' Beruf wird.[33] 1986 veröffentlicht Levi sein zweites Hauptwerk über die Shoah, *I sommersi e i salvati*[34] (dt. Übersetzung *Die Untergegangenen und die Geretteten*[35], 1990), eine Sammlung von Aufsätzen über die wichtigsten Fragen der Auseinandersetzung mit der Shoah. Wenige Monate später, im April 1987, stirbt Levi nach einem Sturz im Treppenhaus seines Hauses. Sein Tod wird überwiegend als Selbstmord angesehen.

1931 in Wien geboren, erlebt die Jüdin Ruth Klüger die antisemitische Judenverfolgung schon in ihrer Kindheit; 1942 wird sie mit ihrer Mutter erst nach Theresienstadt, dann nach Auschwitz und schließlich nach Christianstadt deportiert. Von dort gelingt beiden 1945 die Flucht. Nach zwei Jahren in Bayern wandert sie in die USA aus und studiert dort Anglistik und Germanistik. Heute ist sie emeritierte Professorin für deutsche Literaturwissenschaft an der Universität Irvine in Kalifornien. Im Gegensatz zu Primo Levi fühlt Klüger nicht sofort das Bedürfnis, von ihren Erlebnissen während der Verfolgung zu erzählen. Erst nach einem Unfall 1988 in Göttingen beginnt sie, ihre Erinnerungen, zusammen mit zahlreichen Reflexionen über die Shoah und die Shoah-Literatur, zu verschriftlichen. Ihr Schreiben ist eine Mischung aus autobiografischem Erzählen, Zeugenschaft, Reflexion, und geprägt von ihrem trockenen und distanzierten Stil. Das Buch wird 1992 unter dem Titel *weiter leben. Eine Jugend*[36] in Deutschland veröffentlicht und erlebt sogleich einen unerwarteten Erfolg. Ab diesem Zeitpunkt beschäftigt sie sich auch als Literaturwissenschaftlerin mit der Shoah und verfasst mehrere Aufsätze, die sich teilweise in der 2006 erschienenen Sammlung *Gelesene Wirklichkeit*[37]

---

33 vgl. Marco Belpoliti: „Io sono un centauro". In: Primo Levi: *Conversazioni e interviste 1963–1987*, S. VII–XIX, hier S. VII.

34 Primo Levi: *I sommersi e i salvati*. Torino: Einaudi 1986. Das Werk wird im Folgenden unter der Sigle SoSa zitiert.

35 Primo Levi: *Die Untergegangenen und die Geretteten*, übers. v. Moshe Kahn. München [u.a.]: Hanser 1990. Das Werk wird im Folgenden unter der Sigle UG zitiert.

36 Ruth Klüger: *weiter leben. Eine Jugend*, Göttingen: Wallstein 1992. Das Werk wird im Folgenden unter der Sigle WL zitiert.

37 Ruth Klüger: *Gelesene Wirklichkeit. Fakten und Fiktionen in der Literatur*, Göttingen: Wallstein 2006.

veröffentlicht finden. 2008 erscheint die Fortsetzung ihrer Autobiographie *unterwegs verloren*[38].

Diese beiden Autoren, so unterschiedlich sie in ihrer Persönlichkeit, ihrer Bildung und ihrem Schreiben auch sein mögen,[39] eint trotzdem der Entschluss, sich dem Dialog zu widmen, um sich mit dem komplexen Gewebe der Shoah auseinanderzusetzen. Viele Aspekte des dialogischen Ansatzes, die eine gelungene Auseinandersetzung ermöglichen, wurden im 20. Jahrhundert besonders in der Hermeneutik (vgl. vor allem Gadamer)[40] und in der Dialogphilosophie (vgl. vor allem Bachtin)[41] ausführlich und ausdrücklich vertieft. Zweifellos sind diese Theorien für den Leser eine große Hilfestellung beim Verstehen der Komplexität des dialogischen Ansatzes. Die kennzeichnenden Aspekte des Dialogs, die ihn als mögliche Strategie der Auseinandersetzung mit der Shoah erscheinen lassen, sind allerdings schon im alltäglichen Begriff des Dialogs enthalten, auf welchen sich Levi und Klüger beziehen. Infolgedessen wird die vorliegende Arbeit keine spezifische Dialogtheorie einführen bzw. Levis und Klügers Texte anhand einer solchen analysieren. Vielmehr wird der Dialog anhand der schon eingeführten Merkmale im Werk und Leben der beiden Autoren analysiert. Dadurch wird gezeigt, dass Levi

---

38   Ruth Klüger: *unterwegs verloren. Erinnerungen*, Wien: Zsolnay 2008. Das Werk wird im Folgenden unter der Sigle UV zitiert.
39   Levi ist zwölf Jahre älter als Klüger und wird als gebildeter junger Mann nach Auschwitz deportiert, nachdem er, in der italienischen Gesellschaft gut integriert, eine unbeschwerte Jugend verlebt hat. Klüger hingegen ist erst elf Jahre alt, als sie nach Theresienstadt deportiert wird, und hat ihr ganzes Leben lang die Diskriminierung gegen Juden miterlebt. Zur Unterschiedlichkeit beider Autoren tragen auch andere Faktoren bei: das Verhältnis zu Heimat und Sprache, persönliche Charakterzüge, die sich auch im Schreiben niederschlagen (Levi ist ausgeglichener, Klüger polemischer), die menschlichen Beziehungen zu den anderen (Levis Buch ist von seinen vielen Freundschaften geprägt, dasjenige Klügers von ihrem schwierigen Verhältnis zur Mutter), das Geschlecht (was vor allem bei Klüger eine wichtige Rolle spielt) und schließlich der Zeitpunkt, zu dem Levi und Klüger sich entscheiden, Zeugnis abzulegen.
40   Vgl. u.a. Hans-Georg Gadamer: *Wahrheit und Methode. Grundzüge einer philosophischen Hermeneutik*, Tübingen 1960.
41   Vgl. u.a. Michail Bachtin: *Die Ästhetik des Wortes*, Frankfurt a.M.: Suhrkamp 1979.

und Klüger sowohl für ihre persönliche Auseinandersetzung mit der Shoah auf den Dialog zurückgreifen, als auch, um eine öffentliche und kritische Auseinandersetzung mit der Shoah anzuregen und letztlich auch, um sich innerhalb der Shoah-Literatur zu verorten. Aus dieser Analyse lässt sich schließen, dass der Dialog auch in seinen unterschiedlichen Ausformungen eine doch einheitliche Strategie in Levis und Klügers Auseinandersetzung mit der Shoah darstellt.

Obwohl vereinzelte Analysen des Dialogischen in den Werken von Levi und Klüger (vor allem bei Klüger)[42] ebenso wie Hinweise auf die Einladung zum Dialog bereits vorliegen,[43] fehlt jedoch eine umfassende Analyse der Aspekte des Dialogs bei beiden Autoren, die deren vielfältige Ausdrucksformen herausstellt und dem Dialog eine spezifische Funktion zuspricht. Dieser Aufgabe widmet sich die folgende Analyse, in der auch zum ersten Mal Levi und Klüger zusammen erforscht werden,[44] zwei Autoren, die, wie bereits erwähnt, in ihrer Persönlichkeit, ihrer Bildung und ihren Schreibbedingungen

---

42 Vgl. folgende Literatur: Dagmar von Hoff: „Zum Dialogischen in *weiter leben*". In: Dagmar von Hoff/Herta Müller: „Erzählen, Erinnern und Moral. Ruth Klügers *weiter leben. Eine Jugend* (1992)". In: *Erinnerte Shoah. Die Literatur der Überlebenden/The Shoah Remembered. The Literature of the Survivors* Hrsg. von Walter Schmitz, Dresden: Thelem 2003, S. 203–222; Irmela von der Lühe: „Das Gefängnis der Erinnerung. Erzählstrategien gegen den Konsum des Schreckens in Ruth Klügers *weiter leben*". In: *Bilder des Holocaust. Literatur-Film-Bildende Kunst*. Hrsg. von Manuel Köppen und Klaus R. Scherp, Köln [u.a.]: Böhlau 1997, S. 29–45; Eva Lezzi: „Ruth Klüger. Literarische Authentizität durch Reflexion. *Weiter leben – Still alive*". In: *Shoah in der deutschsprachigen Literatur*. Hrsg. von Norbert Otto Eke und Hartmut Steinecke, Berlin: ESV 2006, S. 286–292; Phil C. Langer: *Schreiben gegen die Erinnerung? Autobiographien von Überlebenden der Shoah*; Roberto Mauro: *Primo Levi. Il dialogo è interminabile*, Firenze: Giuntina 2009; Vandewaetere, Sara: „Primo Levi e le future generazioni: l'etica del dialogo". In: *Scrittori italiani di origine ebrea ieri e oggi: un approccio generazionale*, a cura di Raniero Speelman, Monica Jansen & Silvia Gaiga. ITALIANISTICA ULTRAIECTINA 2. Utrecht: Igitur, Utrecht Publishing & Archiving Services, 2007, S. 58–66.

43 Vgl. Stephan Braese/Holger Gehle (Hrsg.): *Ruth Klüger in Deutschland*. Bonn: Selbstverlag 1994; Roberto Mauro: *Primo Levi. Il dialogo è interminabile*.

44 Eine erste Gegenüberstellung beider Autoren, die sich allerdings auf eine Seite beschränkt, findet sich in: Carolin Emcke: *Weil es sagbar ist*, S. 57f.

sehr unterschiedlich sind. Durch die Gegenüberstellung dieser beiden Autoren und der Art, wie sie sich auf unterschiedliche Weise des Dialogs bedienen, soll der Dialog im Folgenden als eine einheitliche Strategie identifiziert werden, die eine bewusstere Auseinandersetzung mit der Shoah sowohl auf privater als auch auf öffentlicher Ebene ermöglicht.

1. Der Dialog als Strategie der persönlichen Auseinandersetzung mit der Shoah

Der Dialog erweist sich bei Levi und Klüger zunächst – auch in chronologischer Folge – als eine Strategie, sich selbst mit der Shoah auseinanderzusetzen. Die Rolle der Kommunikation für das Überleben im KZ ist wesentlich, sowohl auf einer praktischen Ebene, denn sie ermöglicht, das Funktionieren des Lagers zu verstehen, als auch auf einer geistigen Ebene, denn sie ermöglicht das ‚Menschbleiben' auch in einer entmenschlichenden Welt. Zur Bewahrung der Menschlichkeit trägt auch der Dialog mit der Literatur bei, der dabei hilft, die traumatischen Erfahrungen und die Alterität des Lagers sich selbst und den anderen darzustellen. Um das Begreifen und das Verstehen geht es hingegen im Dialog mit den Deutschen, denn dadurch versuchen sowohl Levi als auch Klüger, die Welt der KZs und deren Gründe sich selbst und ihren Gesprächspartnern begreiflich zu machen. Die persönliche Auseinandersetzung mit der Shoah vollzieht sich schließlich durch den Dialog mit den Ermordeten, den „Untergegangenen", die die Shoah nicht überlebt haben. Besonders den Ermordeten gegenüber fühlen sich Levi und Klüger gleichermaßen schuldig und verantwortlich, was in beiden Fällen die Entscheidung maßgeblich beeinflusst, ein Zeugnis über die Shoah abzulegen.

1.1. Die Kommunikation im KZ als Überlebensstrategie

Während der grausamen Zeit der Shoah ist der Dialog ein wichtiges Hilfsmittel für beide Autoren, sowohl für das physische als auch für das geistige Überleben, insbesondere unter den leidvollen Umständen in den Konzentrationslagern.

Wie der junge Levi bald merkt, hängen die Überlebenschancen zu einem großen Teil vom Gespräch mit den anderen Insassen ab, besonders mit jenen, welche schon einige Zeit im KZ verbracht haben, und auch von der

Kenntnis der im KZ vorherrschenden Sprache, eben der deutschen Sprache. Die Beherrschung des Deutschen und der Kontakt zu anderen Mithäftlingen ermöglichen, die gebrüllten Befehle sofort zu verstehen, die Relevanz der Vorschriften zu begreifen und dadurch die Funktionsweise des Lagers zu erfassen.[45] Die Mehrheit der Häftlinge, die kein Deutsch sprachen, sind, wie Levi bemerkt, in den ersten zwei Wochen gestorben, scheinbar wegen Hunger, Krankheit oder Kälte, tatsächlich jedoch wegen des Mangels an Kommunikation und damit einhergehend wegen des Mangels an Information.[46] Wenn sie in der Lage gewesen wären, mit den anderen Insassen zu kommunizieren, hätten sie die Möglichkeit gehabt, sich im KZ besser zu orientieren, sich auf illegale Weise Nahrungsmittel zu beschaffen, die schwersten Arbeiten zu vermeiden usw.[47] Schon bei seiner Ankunft im KZ ist Levi vom essentiellen Charakter der Kommunikation im Lager derart überzeugt, dass er sein gebrochenes Deutsch, das er aus Chemie-Handbüchern gelernt hat, mit dem so genannten *Lagerjargon* zu ergänzen versucht, und einen Teil seiner täglichen Essensration tauscht er bei einem elsässischen Kameraden gegen Deutschunterricht ein.[48]

Eine funktionierende Kommunikation ist aber nicht nur für das physische Überleben wichtig, sondern auch für das geistige:

> Se hai la fortuna di trovare accanto a te qualcuno con cui hai una lingua comune, buon per te, potrai scambiare le tue impressioni, consigliarti con lui, sfogarti; se non trovi nessuno, la lingua ti si secca in pochi giorni, e con la lingua il pensiero. (SoSa, S. 72)[49]

Der Dialog mit den Kameraden, besser noch mit Freunden, bewahrt die Menschlichkeit, die die verfremdende Welt der KZs den Häftlingen zu nehmen

---

45 Vgl. SoSa, S. 72.
46 Vgl. ebenda.
47 Vgl. ebenda.
48 Vgl SQ, S. 75.
49 „Wenn man das Glück hat, neben sich jemanden zu finden, der die gleiche Sprache spricht, ist manches gewonnen: man kann Eindrücke austauschen, sich mit ihm beraten, Luft ablassen. Wenn man niemanden findet, verdorrt die Sprache binnen weniger Tage und damit auch die Fähigkeit zu denken." (UG, S. 93).

versucht; wer nicht mehr unter dem Fehlen des Dialogs leidet, ist auf dem Weg zu totaler Gleichgültigkeit und damit auf dem Weg zu seinem Tod, denn er wird keinen Überlebenswillen mehr haben, und wird sich zum sogenannten „Muselmann"[50] entwickeln.[51]

In *Se questo è un uomo* erzählt Levi von vielen Episoden, die zeigen, wie wichtig der Dialog mit den Kameraden für ihn gewesen ist, um sich sein Menschsein zu bewahren. Er berichtet beispielsweise von einem Dialog, den er mit seinem Bekannten Steinlauf, einem ehemaligem k.u.k. Unteroffizier, im Waschraum geführt hat.[52] Steinlauf wäscht sich sorgfältig trotz des Mangels an Seife, und fragt Levi, warum er sich nicht wasche. Levi antwortet bitter, dass er nicht sehe, warum er sich die Mühe geben sollte, denn sie würden ohnehin alle sterben, und wenn er einige Minuten frei habe, dann verwende er diese Zeit anders, zum Beispiel um Bilanz zu ziehen oder um vielleicht zum letzten Mal den Himmel zu sehen. Aber Steinlauf kontert, dass die Häftlinge gerade deswegen, weil sie wie Tiere behandelt werden, versuchen müssen, ihre menschliche Würde zu bewahren:

> [A]ppunto perché il Lager è una gran macchina per ridurci a bestie, noi bestie non dobbiamo diventare; [...] anche in questo luogo si può sopravvivere, e perciò si deve voler sopravvivere, per raccontare, per portare testimonianza; e che per vivere, è importante sforzarci di salvare almeno lo scheletro, l'impalcatura, la forma della civiltà. (SQ, S. 48)[53]

---

50 Es handelt sich hier von einem Ausdruck der Lagersprache. Er bezeichnet „die kurz vor dem Hungertod stehenden, physisch und psychisch gebrochenen Häftlinge, die nur auf den eigenen Tod warten. Ihre Bewegungen waren mechanisch geworden, was angeblich an betende Muslime erinnerte" (Sascha Feuchert: *Ruth Klüger. weiter leben*, S. 53).
51 Vgl. SoSa, S. 79.
52 Vgl. SQ, S. 47ff.
53 „Eben darum, weil das Lager ein großer Mechanismus ist, der uns zu Tieren herabwürdigen soll, dürfen wir keine Tiere werden; auch an diesem Ort kann man am Leben bleiben und muß deshalb auch den Willen dazu haben, schon um später zu berichten, Zeugnis abzulegen; und für unser Leben ist es wichtig, alles zu tun, um wenigstens das Gerippe, den Rohbau, die Form der Zivilisation zu bewahren" (IM, S. 38f).

Das Bewahren der menschlichen Würde hat in den Augen Steinlaufs auch ein weiteres Ziel, denn es ist nötig zum Überleben und das Überleben ist wiederum Voraussetzung für die moralische Pflicht, von der eigenen Erfahrung im Lager Zeugnis abzulegen. Das Gespräch mit Steinlauf bildet den ersten von mehreren Dialogen, die Levi dabei helfen, sich nicht entmenschlichen zu lassen. Die wichtige Rolle, die die Dialogizität bei dieser Begegnung im Waschraum spielt, wird dadurch betont, dass Levi im Buch nicht nur wiedergibt, was Steinlauf ihm sagt, sondern dass er den Dialog wieder aufleben lässt. Dadurch kann der Leser den Gedanken Levis über den (Un-)Sinn, sich im Lager zu pflegen – die möglicherweise die eigenen Gedanken widerspiegeln – folgen und wie er schrittweise zur Erkenntnis der Bedeutung der Körperpflege für das ‚Menschbleiben' gelingen. Dieses Verfahren erinnert an die sokratische Methode, die Levi aus der Schulzeit vertraut sein dürfte,[54] und wie bei Sokrates ermöglicht sie eine aktive Teilnahme beider Gesprächspartner an der Reflexion. Durch die Rekonstruktion des Dialogs in seinem Buch ermöglicht Levi dem Leser, ebenfalls an dieser Reflexion teilzunehmen. Durch den dialogischen Ansatz wird der Leser darüber hinaus zu einer eigenen Auseinandersetzung mit der Shoah angeregt, die ihm ein besseres und nachhaltigeres Verständnis von deren Komplexität ermöglicht.

Ein weiterer Dialog spielt ebenfalls eine große Rolle für Levis Bewahren seiner Menschlichkeit im KZ, nämlich jener mit dem italienischen Zivilarbeiter Lorenzo, der sechs Monate lang täglich sein Essen mit Levi geteilt und eine Postkarte für ihn nach Italien geschickt hat, ohne irgendeine Gegenleistung zu verlangen. Aber nicht nur seine materielle Hilfe ist für Levi von Bedeutung, vor allem der zwischen-menschliche Dialog erinnert den KZ-Häftling daran, dass außerhalb der entmenschlichten und entmenschlichenden Welt des Lagers noch eine gerechte Welt existiert, und es sich daher lohnt, für das eigene Überleben zu kämpfen, und vor allem, dass er, der Häftling 174517, noch ein Mensch ist:

> I personaggi di queste pagine non sono uomini. La loro umanità è sepolta, o essi stessi l'hanno sepolta, sotto l'offesa subita o inflitta altrui. […]

---

54 Die (vor allem antike) Philosophie war zur Zeiten Levis und ist immer noch fester Bestandteil des Schulprogrammes im italienischen altsprachlichen Gymnasium, das auch Levi besucht hat.

Ma Lorenzo era un uomo; la sua umanità era pura e incontaminata, egli era al di fuori di questo mondo di negazione. Grazie a Lorenzo mi è accaduto di non dimenticare di essere io stesso un uomo. (SQ, S. 153f)[55]

Mit Alberto prägt der Dialog schließlich auch eine dritte Beziehung Levis zu einem Kameraden. Alberto und Primo sind unzertrennlich und unter den Kameraden als „i due italiani" (SQ, S. 195)[56] bekannt: Sie widmen sich ihren Tätigkeiten gemeinsam, um ihr Leben im Lager zu verbessern. Der dauernde Dialog zwischen den beiden – auch wenn sie getrennt arbeiten, finden sie doch immer eine Gelegenheit, auf dem Rückmarsch miteinander zu sprechen – ist ein roter Faden, der Levis Zeit in Auschwitz und ebenfalls sein Buch durchzieht. Diese Bedeutung wird von Levi auch stilistisch betont: Im Kapitel *Der Letzte*, als er von den gemeinsamen Unternehmungen mit Alberto erzählt, wiederholt er in anaphorischer Form mehrmals die Verbalkonstruktion „wir reden".

Auch ihr Kamerad Jean Samuel, der „Pikolo", der mit Levi einen Dialog über Dantes Göttliche Komödie[57] führte, erinnert in einem Vortrag während einer Tagung zu Levi an die tiefe Freundschaft, die Primo und Alberto verband, und derer wichtige Rolle für das Überleben Levis: „sans cette amitié (et celle de Lorenzo [...]), Primo n'aurait sans doute pas vaincu le lager"[58].

Der Dialog und damit auch die Beziehung zwischen Primo und Alberto werden plötzlich abgebrochen, als mit der Evakuierung des Lagers der Todesmarsch

---

55   „Die hier [im Buch] beschriebenen Personen sind keine Menschen. Ihr Menschentum ist verschüttet, oder sie selbst haben es unter der erlittenen oder den andern zugefügten Unbill begraben. [...] || Lorenzo aber war ein Mensch. Seine Menschlichkeit war rein und unangetastet, er stand außerhalb dieser Welt der Verneinung. Dank Lorenzo war es mir vergönnt, daß auch ich nicht vergaß, selbst noch Mensch zu sein" (IM, S. 117f).
56   „die beiden Italiener" (IM, S. 147).
57   Vgl. das Kapitel 1.2 dieser Arbeit.
58   Jean Samuel: „Depuis lors, nous nous sommes revus souvent", in: *Primo Levi. Il presente del passato. Giornate internazionali di studio*. Hrsg. von Alberto Cavaglion, Milano: F.Angeli 1991, S. 23–28, hier S. 24: „ohne diese Freundschaft (und die mit Lorenzo [...]), hätte Primo das Lager wahrscheinlich nicht überleben können", dt. Übersetzung von mir. Im Folgenden werden Originalzitate in Fremdsprachen von mir übersetzt, falls keine offizielle Übersetzung vorhanden ist.

für Alberto beginnt und Levi krank im verlassenen Lager zurück bleibt. In seiner Rolle als Zeuge versucht Levi, durch seinen trockenen Stil Distanz zu wahren, damit sein Zeugnis möglichst glaubhaft bleibt, aber gerade dieser schroffe Duktus verrät den großen Schmerz, den ihm die endgültige Trennung von Alberto gebracht hat: „Perciò lui partì e io rimasi. […] Nella quasi totalità, essi scomparvero durante la marcia di evacuazione: Alberto è fra questi" (SQ, S. 195f)[59].

Mit jenen, welche während des Todmarsches (Jean) oder im verlassenen Lager (Charles) nicht umkamen, bricht der Dialog nicht ab, sondern geht im „neuen" Leben nach dem Lager weiter, mit neuen Akzenten und unter neuen Gegebenheiten,[60] obwohl sich alle Freunde bewusst sind, dass sie sich von den gemeinsamen Erlebnissen niemals vollkommen werden verabschieden können: „Que nous le voulions ou non, nous sommes des témoins et nous en portons le poids"[61].

Obwohl der Dialog als Mittel des Überlebens bei Klüger nicht so ausführlich thematisiert wird wie bei Levi, spielt der Dialog auch bei Ruth Klüger eine bedeutende Rolle für ihr Überleben. Nach einer Kindheit, die von Einsamkeit geprägt war, wo der einzige Dialog jener mit den Klassikern der deutschsprachigen Literatur war, nimmt das elfjährige Mädchen erst im Lager Theresienstadt Kontakt zu den anderen auf, und beginnt, erste dialogische Beziehungen zu knüpfen. Wie sie selbst sagt, wird sie dadurch erstmalig ein „soziales Wesen":

> Ich hab Theresienstadt irgendwie geliebt, und die neunzehn oder zwanzig Monate, die ich dort verbrachte, haben ein soziales Wesen aus mir gemacht, die ich vorher in mich versponnen, abgeschottet, verklemmt und vielleicht auch unansprechbar geworden war. In Wien hatte ich Ticks, Symptome von Zwangsneurosen, die überwand ich in Theresienstadt, durch Kontakte, Freundschaften und Gespräche. Es ist erstaunlich, wie kreativ gesprächig die Menschen werden, wenn sie nur das Gespräch als Ablenkung aus einer Not, die allerdings noch erträglich sein muß, haben. (WL, S. 103)

---

59 „So ging er und ich blieb.[…] Fast alle kamen während des Evakuierungsmarsches ums Leben: unter ihnen Alberto" (IM, S. 147f).
60 Vgl. Jean Samuel: „Depuis lors, nous nous sommes revus souvent", S. 23ff.
61 Primo Levi, Brief an Jean Samuel, zitiert nach Jean Samuel: „Depuis lors, nous nous sommes revus souvent", S. 27: „Ob wir das wollen oder nicht, sind wir Zeugen und tragen die Last davon" dt. Übersetzung von mir.

1.2. Der Dialog mit der Literatur

Zum geistigen Überleben im KZ trägt auch eine andere Art von Dialog bei, nämlich derjenige mit der Literatur. Sowohl Levi als auch Klüger erzählen, dass die tägliche Beziehung zur Literatur und insbesondere zu den Klassikern, ihnen dabei geholfen haben, ihre menschliche Identität in der entmenschlichenden Welt des KZ nicht zu verlieren.

Bereits vor ihrem Aufenthalt im KZ, zur Zeit ihrer Kindheit, die sie aufgrund des aufkommenden Antisemitismus meistens allein verbringt, pflegt Klüger den Dialog mit der Literatur: sie macht sich mit den Klassikern der deutschsprachigen Literatur vertraut, die ihr später im KZ von großem Nutzen sein werden.[62] Auf diese vertraute Literatur und insbesondere auf die Dichtung kommt sie zurück, als sie ins KZ deportiert wird. Wie so viele KZ-Insassen findet auch Klüger Trost in den Versen, die sie auswendig kennt;[63] aber während für die meisten der Trost aus dem religiösen oder vertrauten Inhalt kommt, dreht es sich bei Klüger weniger um einen tröstlichen Inhalt als um die Form selbst, die dank ihrer Gebundenheit und die Fähigkeit, die Zeit einzuteilen „eine Stütze gab" (WL, S. 124): „ist die Zeit schlimm, dann kann man nichts Besseres mit ihr tun, als sie zu vertreiben, und jedes Gedicht wird zum Zauberspruch" (WL, S. 124). Deswegen, und nicht etwa wegen ihres Inhalts, werden die Schillerschen Balladen zu Klügers „Appellgedichte[n]", und helfen dem Kind dabei, das stundenlange Warten auszuhalten:

> Die Schillerschen Balladen wurden dann auch meine Appellgedichte, mit denen konnte ich stundenlang in der Sonne stehen und nicht umfallen, weil es immer eine nächste Zeile zum Aufsagen gab, und wenn einem eine Zeile nicht einfiel, so konnte man darüber nachgrübeln, bevor man an die eigene Schwäche dachte. (WL, S. 124)

Obwohl Klüger ihren Zugriff auf Literatur sehr mechanisch und zynisch darstellt, ist das Aufsagen von Versen viel mehr als nur ein „Zeitvertreib" (WL, S. 124). Sie ist sich der Tatsache bewusst, dass die Poesie dabei geholfen hat, ihre menschliche Identität und ihren Verstand mitten im Chaos des KZs zu

---

62 Vgl. WL, S. 53ff.
63 Vgl. WL, S. 123.

bewahren, und schreibt in ihren Memoiren: „Wer nur erlebt, reim- und gedankenlos, ist in Gefahr, den Verstand zu verlieren. [...] Ich hab den Verstand nicht verloren, ich hab Reime gemacht" (WL, S. 128).

Eine noch größere Rolle beim Bewahren der eigenen Identität spielt der Dialog mit der Literatur bei Levi. Im Unterschied zu Klüger ist er kein Kind mehr, sondern ein gebildeter junger Mann und die Kultur und die humanistische Bildung sind ein wichtiger Teil seiner Identität, sowohl vor als auch nach seiner Deportation. Obwohl er gestehen muss, dass Kultur und Bildung keine Hilfe zu Verständnis und Orientierung in den Lagern bieten, Orten, von denen sie verbannt wurden, erkennt er jedoch, dass sie doch von Nutzen sein können: „La cultura poteva dunque servire [...] poteva abbellire qualche ora, stabilire un legame fugace con un compagno, mantenere viva e sana la mente" (SoSa, S. 115)[64]. Die Kultur, und insbesondere die Literatur, erfüllen noch eine weitere Funktion: Sie helfen Levi, seine Identität zu bewahren, denn sie ermöglichen ihm

> [D]i ristabilire un legame col passato, salvandolo dall'oblio e fortificando la mia identità. Mi convincevano che la mia mente, benché stretta dalle necessità quotidiane, non aveva cessato di funzionare. Mi promuovevano, ai miei occhi e a quelli del mio interlocutore. Mi concedevano una vacanza effimera ma non ebete, anzi liberatoria e differenziale: un modo insomma per ritrovare me stesso.[...] Per me, il Lager è stato anche questo: prima e dopo "Ulisse", ricordo di aver ossessionato i miei compagni italiani perché mi aiutassero a recuperare questo o quel brandello del mio mondo di ieri, senza cavarne molto, anzi, leggendo nei loro occhi fastidio e sospetto: che cosa va cercando, questo qui, con Leopardi e il Numero di Avogadro? Che la fame non lo stia facendo diventare matto? (SoSa, S. 112f)[65]

---

64 „Bildung konnte also von Nutzen sein [...] sie konnte einige Stunden verschönern, eine flüchtige Verbindung zu einem Gefährten herstellen und den Verstand gesund und lebendig halten" (UG, S. 145).

65 „eine Verbindung mit der Vergangenheit herzustellen, retteten sie vor dem Vergessen und stärkten meine eigene Identität. Sie überzeugten mich davon, daß mein Verstand, obwohl er durch die täglichen Bedürfnisse eingeengt war, nicht aufgehört hatte zu funktionieren. Sie beförderten mich in meinen Augen und in denen meines Gesprächspartners. Sie gewährten mir einen vorübergehenden, aber keineswegs stumpfsinnigen Urlaub, im Gegenteil, er war befreiend und setzte sich gegen alles andere ab: es war also eine Gelegenheit, mich selbst wiederzufinden. [...] Für mich hatte das Lager

Der „Ulisse", auf den Levi im Zitat hinweist, ist der *Canto di Ulisse* aus der *Divina Commedia*[66] Dante Alighieris, wovon der Dialog mit Pikolo handelt, der im zentralen Kapitel von *Se questo è un uomo* (eben *Il Canto di Ulisse* betitelt) thematisiert wird. In diesem Kapitel erzählt Levi von jenem Moment, den er mit dem Kameraden Jean, genannt Pikolo, geteilt hat. Während sie auf dem Weg zur Suppenausgabe sind und sich daher eine Stunde Pause von der Arbeit und dem grausamen Alltag des Lagers gönnen können, kommen beide ins Gespräch. Zuerst sprechen sie von ihren Familien, ihrem Leben vor der Zeit im Lager, ihren Studien; dann äußert Pikolo den Wunsch, Italienisch zu lernen. Plötzlich verschiebt sich das Tempus der Erzählung von der Vergangenheit zur Gegenwart, und Levi rekonstruiert den Dialog mit Pikolo. Er aktualisiert damit den Dialog selbst, betont dessen Bedeutung damals und heute noch und zieht den Leser unmittelbar in das Geschehen hinein.

Das Gespräch zwischen den beiden KZ-Insassen bildet dabei eine Kreisbewegung. Die ersten Wörter dieses außergewöhnlichen Italienisch-Unterrichts sind ‚zuppa' (‚Suppe'), ‚campo' (‚Lager'), ‚acqua' (‚Wasser'), Wörter, die Pikolo hört, als Levi kurz mit einem anderen Italiener spricht. Es sind die Wörter des alltäglichen Lebens im Lager, die einfachsten und grundlegendsten, und gleichzeitig werden sie in der Nachkriegszeit die am schwierigsten wiederzugebenden, wenn der Überlebende seine Geschichte zu erzählen versucht, denn diese Wörter beziehen sich auf die Dingwelt des Lagers, die fast nichts mit den gleichnamigen Dingen in der Welt außerhalb der KZ gemeinsam hat. Die *Suppe* des Lagers zeigt nur eine sehr entfernte Ähnlichkeit mit dem, was wir Menschen, die nie im KZ gewesen sind, *Suppe* nennen. Daraufhin kommt es zu dem Versuch Levis, Pikolo den 26. Gesang der *Göttlichen*

---

auch diese Bedeutung. Ich erinnere mich, daß ich vor und nach „Odysseus" meine italienischen Gefährten ständig bedrängt habe, mit dem einen oder anderen Fetzen aus meiner Welt von gestern bergen zu helfen, ohne daß viel dabei herausgekommen wäre, nein, ich könnte in ihren Augen sogar Verdruß und Argwohn erkennen: Was will der denn mit Leopardi und der Avogadroschen Zahl? Ob er etwa vor Hunger verrückt wird?" (UG, S. 142).

66 Dante Alighieri: *Commedia*. Im Folgenden wird das Werk nach folgender Ausgabe zitiert: Dante Alighieri: *La Divina Commedia*, lettura e commento di Vittorio Sermonti. Milano: Bruno Mondadori 1996.

Komödie zu übersetzen und zu erklären. Am Ende des Kapitels, und des von Levi und Pikolo geteilten Moments, schließt sich dann mit der Rückkehr zum alltäglichen Lagerleben wieder der Kreis mit dem Bogen zurück zur ‚zuppa', obwohl der Literatur das letzte Wort gelassen wird.

Levi lässt im Buch die Frage nach dem Grund seiner Wahl des dantischen Textes für den besonderen Italienischunterricht offen. Allerdings scheint der Rückgriff auf Dante, dessen *Divina Commedia* damals wie heute eine grundlegende Rolle in der gymnasialen Bildung in Italien spielt, kein Zufall zu sein, denn Levi greift immer wieder auf Dante zurück, sowohl um den Verstand zu behalten und seine Identität zu bewahren, als auch in dem Versuch, die Lagerwelt zu beschreiben und zu begreifen, wie es sich noch zeigen wird. Die dantischen Verse und der Dialog mit Pikolo sind harmonisch miteinander verschlungen. In seiner Rekonstruktion des Dialogs gibt der Schriftsteller jedes Zögern wieder, jeden Kampf mit dem Gedächtnis, jeden aufgeregten Versuch Levis, Pikolo diesen wichtigen Bestandteil seiner Identität begreiflich zu machen. Die wichtigsten Stellen dieses Dialogs werden dabei auch dadurch betont, dass Levi Pikolo anspricht und zu einer besonderen Aufmerksamkeit auffordert, zum Beispiel wenn Levi die Verse aufsagt, in denen Odysseus seinen Kameraden daran erinnert, dass sie Menschen und nicht Tiere seien:

> Ecco, attento Pikolo, apri gli orecchi e la mente, ho bisogno che tu capisca:
>
> Considerate la vostra semenza:
> Fatti non foste a viver come bruti,
> Ma per seguir virtute e conoscenza. (SQ, S. 143)[67]

Es handelt sich nicht mehr nur um ein Zitat oder den Versuch, ein Stück italienischer Literatur auszudrücken: diese Zeilen betreffen Primo und Pikolo und „tutti gli uomini in travaglio" (SQ, S. 144)[68], besonders aber die

---

67 „Jetzt merk auf, Pikkolo, öffne die Ohren und den Verstand, es kommt mir so darauf an, daß du begreifst: // Bedenket, welchem Samen ihr entsprossen, / Man schuf euch nicht, zu leben wie die Tiere, / nach Tugend und nach Wissen sollt ihr trachten" (IM, S. 109).
68 „alle Menschen in Bedrängnis" (IM, S. 110).

beiden Kameraden, die mit den Suppenstangen auf den Schultern ihren Dialog um die italienische Literatur herum aufgebaut haben. Dieser Dialog hilft ihnen tatsächlich, sich einem besseren Verständnis ihres Schicksals zu nähern: „[...] [devo spiegargli] altro ancora, qualcosa di gigantesco che io stesso ho visto ora soltanto, nell'intuizione di un attimo, forse il perché del nostro destino, del nostro essere oggi qui..." (SQ, S. 145)[69]. Aber die Realität des Lagers drängt sich wieder zurück an ihren beherrschenden Platz im Gespräch der beiden Kameraden. Levi und Jean sind an der Suppenausgabe angekommen, es ist wieder die Rede von ‚zuppa', der Kreis schließt sich, und die Hoffnungslosigkeit der Situation wird in einem letzten Zitat ausgedrückt, welches in der *Divina Commedia* das Ende vom Leben Odysseus, von seiner Erzählung und vom ganzen 26. Gesang bildet: „Infin che'l mar fu sopra noi richiuso" (SQ, S. 145)[70].

Wie in dieser Episode greift Levi auch an anderer Stelle auf den Klassiker der italienischen Literatur zurück, um die befremdliche Welt des Lagers anhand Dantes Darstellung der Hölle versuchsweise zu verstehen bzw. zu interpretieren, zuerst für sich selbst, um mit seinen eigenen Erlebnissen zurecht zu kommen, später auch, um sie den anderen, den Menschen, die derartiges nie erlebt haben, darzustellen. Die Rationalisierung der eigenen traumatischen Erlebnisse spielt bei der Verarbeitung eine große Rolle: „Ho vissuto il Lager nel modo più razionale che potevo, e ho scritto *Se questo è un uomo* sforzandomi di spiegare agli altri, e a me stesso, i fatti in cui ero stato coinvolto [...]"[71].

---

69 „da ist noch etwas anderes, Gigantisches, was ich in der Intuition eines Augenblicks eben erst erkannt habe, vielleicht das Warum unseres Schicksals, unseres heutigen Hierseins..." (IM, S. 111).
70 „Bis über uns geschlossen ward das Meer" (IM, S. 111).
71 Primo Levi in: Philip Roth: "L'uomo salvato dal suo mestiere". In: *La Stampa* 26.–27.11.1986. Jetzt in: Primo Levi: *Conversazioni e interviste 1963–1987*, S. 84–93, hier S. 88. „Ich lebte mein Leben im Lager so rational, wie ich konnte, und ich schrieb das Buch über Auschwitz, um anderen ebenso wie mir die Ereignisse zu erklären, in die ich verwickelt worden war [...]" Primo Levi, in: Philip Roth: „Der von seinem Beruf gerettete Mensch". In: Primo Levi: *Gespräche und Interviews*. Hrsg. von Marco Belpoliti. Aus dem Italienischen von Joachim Meinert. München [u.a.]: Hanser 1999, S. 73–84, hier S. 77.

Der Grund, weshalb er dafür gerade auf die Literatur zurückgreift und zwar auf gerade jenen Klassiker der italienischen Literatur, der eine große Rolle in seiner Bildung gespielt hat, liegt darin, dass die Literatur ein vertrautes Deutungsmodell repräsentiert in einer Welt, in der nichts mehr vertraut ist. Darüber hinaus bietet die dantische Darstellung der Hölle viele Berührungspunkte mit dem modernen *Inferno*, das Levi im KZ erlebt.[72]

Man könnte zum Beispiel den Transport in der Eskorte eines SS-Mannes vom Transferlager Birkenau zum Ziellager Monowitz mit der Überfahrt im Boot von Charon vergleichen, die die Seelen der Verdammten unternehmen, bevor sie in die eigentliche Hölle eintreten. Und was Charon den Verdammten entgegenrief, könnte ebenso an die neu angekommenen Häftlinge gerichtet sein:

> Ed ecco verso noi venir per nave
> un vecchio, bianco per antico pelo,
> gridando: «guai a voi, anime prave!
> Non isperate mai veder lo cielo:
> i'vegno per menarvi a l'altra riva
> ne le tenebre etterne, in caldo e'n gelo.[73]

Das KZ ist in der Tat eine „altra riva" (ein „andre[s] Ufer"), eine Welt, die abgeschieden und grundlegend anders als die bürgerliche Welt ist, wo das Leben nicht mehr den bekannten Regeln und Konventionen folgt, wo die bisherigen Werte nicht mehr herrschen, wo sogar Wörter, Empfindungen und Handlungen neue, radikalere Bedeutungen annehmen.[74] Diese radikale Bedeutung der Empfindungen wird auch durch das Wortpaar „caldo" („Hitze") und „gelo" („Frost") betont, welches zusammen mit dem Ausdruck „tenebre

---

72 Die Parallelen zwischen der dantischen Darstellung der Hölle und der Lagerwelt werden in der Shoah-Literatur oft thematisiert, vgl. Fußnote 77.
73 Dante Alighieri: *Commedia. Inferno III*, vv. 82–87: „Und siehe, zu uns kam auf einem Schiffe / Ein Greis mit den vom Alter weißen Haaren / und rief uns zu: „Weh euch, ihr schlechten Seelen. / Hofft nicht, daß jemals ihr den Himmel sehet. / Ich will euch an das andre Ufer führen / In ewige Finsternis, in Frost und Hitze". Dt. Übersetzung nach Dante Alighieri: *Die Göttliche Komödie*, I. Band, München: DTV 1988, S. 41.
74 Vgl. SQ, S. 156.

etterne" („ewige Finsternis") das Leben im KZ gut zu beschreiben scheint. Schließlich scheint auch die Mahnung Charons, nicht auf Entlassung zu hoffen, für die KZ-Häftlinge zutreffend, denn trotz des Mottos „Arbeit macht frei" auf dem Eingangstor in Auschwitz beinhaltete das Programm der Nationalsozialisten keinesfalls eine auf die Ausbeutung der Arbeitskraft folgende zukünftige Entlassung. Das Ziel war einzig und allein die Vernichtung der Juden, sowohl in körperlicher als auch in geistiger Hinsicht. Dessen waren sich die Häftlinge schon nach wenigen Tagen bewusst, und hatten wenig Hoffnung, den freien Himmel je wieder zu sehen, weshalb im Lager sehr viel mehr über die mildeste Art des Sterbens gesprochen wurde, als über Möglichkeiten der Entlassung oder der Befreiung: „Reg dich nicht auf. Für dich brennt der Kamin genauso wie für mich." (WL, S. 121)

Levi ist sich dieser Parallelität zwischen dem Leben der Häftlinge und der Beschreibung, die Charon von der Hölle gibt, bewusst und zitiert die dantischen Verse auch, wenn er von der Ankunft in Auschwitz-Monowitz erzählt. Aber er ist sich gleichzeitig auch der Tatsache bewusst, dass es sich für ihn und seine Kameraden um keine literarische Metapher handelt, die ein Nachleben andeutet, wo alle Sünden bestraft werden, sondern um die grausame Realität. Er verdeutlicht dies, indem er der literarischen Figur des dantischen Charon die entmystifizierte Figur des SS-Mannes gegenüberstellt. Anstatt den Sündern ihre Strafe anzukündigen, fragt der moderne Charon gierig nach Geld und Wertsachen und zeigt dadurch seine klägliche menschliche Natur, was wiederum die Illusion verhindert, dass es sich nur um eine literarische Metapher handele:

[I]nvece di gridare "guai a voi, anime prave!" ci domanda cortesemente ad uno ad uno, in tedesco e in lingua franca, se abbiamo danaro od orologi da cedergli: tanto dopo non ci servono più. Non è un comando, non è regolamento questo: si vede bene che è una piccola iniziativa privata del nostro caronte. (SQ, S. 22)[75]

---

75 „statt zu rufen: „Weh euch, verworfne Seelen!" fragt er uns höflich einen nach dem anderen auf deutsch und auf rotwelsch, ob wir Geld oder Uhren besäßen, die wir ihm geben könnten; nachher brauchten wir das doch nicht mehr. Es ist kein Befehl und keine Vorschrift, sondern ganz deutlich eine kleine Privatinitiative unseres Charons." (IM, S. 19).

Auf Dantes *Divina Commedia* wird in der Shoah-Literatur und in der Shoah-Forschung häufig hingewiesen und die dantische Hölle mit der Welt des Lagers verglichen.[76] Insbesondere *Se questo è un uomo* wird aufgrund Levis vernünftiger und didaktischer Schilderung seiner Erfahrung mit Dantes Reise assoziiert.[77] Dank seiner Bereitschaft zum Dialog und Zeugnis abzulegen kann Levi dabei sowohl mit der Dante-Figur, die die Reise durch die Hölle erfährt, als auch mit der Figur des dantischen Vergil, Wegweiser für Dante und für die Leser, verglichen werden:

> [...] [I]st er wie Dantes selbstinszenierter Dante, der Tourist in der Hölle? Oder ist er nicht vielmehr wie Dantes fiktiver Vergil, Wegweiser und Reiseführer für uns Touristen, die wir im Dunkel unserer Geschichte tappen und stöbern?[78]

Die Literatur ist für Levi auch dann der Anhaltspunkt, wenn es um die Rationalisierung seiner Erlebnisse geht, wenn er sich selbst, aber auch dem Publikum seinen Drang zum Erzählen zu erklären versucht. Wie viele andere Überlebende empfindet Levi das Erzählen seiner Erlebnisse in der Nazi-Zeit als eine dringende Notwendigkeit, die sein ganzes Leben und Wesen bestimmt:

> [P]er molti di noi la speranza di sopravvivere si identificava con un'altra speranza più precisa: speravamo non di vivere e raccontare, ma di vivere per raccontare. È il sogno di tutti i reduci di tutti i tempi, del forte e del vile, del poeta e del semplice, di Ulisse e del Ruzante. Ma era un bisogno più profondo e meditato, tanto più forte quanto più dura era l'esperienza da trasmettere. [...] Era chiaro a ognuno di noi che le cose che avevamo viste dovevano essere raccontate, non dovevano essere dimenticate.[79]

---

76 Vgl. Thomas Taterka: *Dantes Deutsch. Studien zur Lagerliteratur.* Berlin: Schmidt 1999.
77 Vgl. u.a. Risa Sodi: *A Dante of our Time. Primo Levi and Auschwitz.* New York [u.a.]: Lang 1990; Lorenzo Mondo, „Primo Levi e Dante". In: *Primo Levi: Memoria e Invenzione.* Atti del Convegno Internazionale San Salvatore Monferrato 26–27–28 settembre 1991. Hrsg. von Giovanna Ioli. S.S.M.: Edizioni della Biennale „Piemonte e Letteratura", 1995, S. 224–229.
78 Ruth Klüger: „Primo Levi heute". In: *Deutsche Akademie für Sprache und Dichtung – Jahrbuch 2002.* Göttingen: Wallstein 2003, S. 58–63, hier S. 63.
79 Primo Levi: *Nota alla versione drammatica di* Se questo è un uomo. Milano: Einaudi 1966, S. 5–8. Jetzt in: Primo Levi, *L'asimmetria e la vita. Articoli e saggi 1955–1987.* A cura di Marco Belpoliti, Torino Einaudi 2002, S. 36–40, hier S. 36f. „Für viele von

Levi bezieht sich auf die literarische Figur des Odysseus als Beispiel für den Wunsch zu erzählen, aber es ist das Gedicht *The Rime of the Ancient Mariner*[80] von T. S. Coleridge, mit dem er sich in einen Dialog begibt, um die tiefe Notwendigkeit des Erzählens begreiflich zu machen: Levis Bezugnahme auf Coleridge ist vielschichtig und auf originelle Weise in sein Werk integriert. Der Seefahrer, der Coleridges bekannter Ballade den Titel gibt, ist wegen der Tötung eines (symbolisch wichtigen) Albatros dazu verurteilt, seine Geschichte allen zu erzählen, denen er begegnet, damit sie ihnen als Mahnung gelte. Im Laufe der zahlreichen Interviews, die er gegeben hat, vergleicht Levi mehrmals seine Situation nach der Rückkehr aus Auschwitz mit der des Matrosen im Gedicht:

> [...] [S]e lei ricorda la scena, il Vecchio Marinaio blocca gli invitati al matrimonio, che non gli prestano attenzione – loro stanno pensando al matrimonio –, e li costringe ad ascoltare il suo racconto. Ebbene, quando ero appena ritornato dal campo di concentramento, anch'io mi comportavo esattamente così. Provavo un bisogno irrefrenabile di raccontare la mia vicenda a chiunque! Avevo appena ottenuto un impiego come chimico presso una piccola fabbrica di vernici vicino a Torino e i lavoratori di quella ditta mi consideravano una sorta di innocuo lunatico poiché facevo sempre la stessa, identica cosa: ogni occasione era buona per raccontare a tutti la mia vicenda, al direttore della fabbrica così come all'operaio, anche se loro avevano altre cose da fare. Ero ridotto proprio come il Vecchio Marinaio.[81]

---

uns fiel die Überlebenshoffnung mit einer anderen präziseren Hoffnung zusammen: wie hofften, nicht zu leben *und* zu erzählen, sondern zu leben, *um* zu erzählen. Das ist der Traum aller Überlebenden aller Zeiten, des Starken und des Feigen, des Dichters und des Simpel, des Odysseus und des Ruzante. Aber es war ein tiefes und durchdachtes Bedürfnis, desto stärker, je schwerer die zu erzählende Erfahrung war. [...] Es war jedem von uns klar, dass, was wir gesehen hatten, erzählt und nicht vergessen werden sollte." Dt. Übersetzung von mir.

80 Samuel Taylor Coleridge: *The Rime of the Ancient Mariner* (1798). Im Folgenden wird aus der folgenden Ausgabe zitiert: *The Rime of the Ancient Mariner*. New York: Dover Thrift Editions, 1992.

81 Primo Levi in: Risa Sodi: „Un'intervista con Primo Levi". In: Primo Levi: *Conversazioni e interviste 1963–1987*, S. 223–241, hier S. 224f. „Wenn Sie sich an die Szene erinnern, der alte Seefahrer hält die Hochzeitsgäste auf, die ihn nicht beachten – sie sind mit der Hochzeit beschäftigt –, und zwingt sie, seiner Erzählung zu lauschen. Nun, als ich aus dem Konzentrationslager zurück gekehrt war, habe ich mich genau

Dieser ununterdrückbare Drang, die eigenen schmerzlichen Erfahrungen zu erzählen, ist jedoch nicht das einzige, was den Überlebenden mit dem Matrosen verbindet: gemeinsam ist ihnen auch die gleichgültige bzw. unduldsame Haltung des Publikums ihrem Erzählen gegenüber. Die Hochzeitsgäste, denen der Seefahrer seine Geschichte zu erzählen versucht, sind auf dem Weg zu Feier und Vergnügen und wollen nicht zurückgehalten werden, und auch nicht, dass ihre Fröhlichkeit von der Erzählung des Seefahrers gedämpft wird. Die Haltung des italienischen Publikums der Nachkriegszeit, dem Levi seine Erlebnisse zu erzählen versucht, ist in dieser Hinsicht sehr ähnlich: die italienische Gesellschaft versucht – wie es auch im restlichen Europa der Fall ist –, die Vergangenheit komplett hinter sich zu lassen und sich ausschließlich der Zukunft zu widmen.[82]

Levi beschränkt sich jedoch nicht auf die Vergleichbarkeit der Figuren, sondern greift auch auf die Ballade selbst zurück, insbesondere auf einen Vierzeiler, der auf verschiedene Weise in Levis Werk vorkommt. Es handelt sich dabei um einige Verse aus dem Schlussteil der Ballade:

> Since then, at an uncertain hour
> That agony returns:
> And till my ghastly tale is told,
> this heart within me burns.[83]

Von diesem Vierzeiler stammt der Titel der Gedichtsammlung, die Levi 1984 veröffentlicht: *Ad ora incerta*[84]. Die gleichen Verse leiten auch die

---

so verhalten. Ich empfand ein unbezähmbares Bedürfnis, jedermann meine Erlebnisse zu erzählen! Ich hatte gerade eine Anstellung als Chemiker in einer kleinen Farbenfabrik nahe Turin gefunden, und das Personal der Firma betrachtete mich als eine Art harmlosen Irren, weil ich immer nur auf ein und dasselbe aus war: Jede Gelegenheit war mir recht, um allen meine Geschichte zu erzählen, dem Werkdirektor ebenso wie dem Arbeiter, auch wenn sie etwas ganz anderes zu tun hatten – genau wie der alte Seefahrer." Primo Levi in: Risa Sodi: „Ein Interview mit Primo Levi". In: Primo Levi: *Gespräche und Interviews*, S. 236–256, hier S. 237f.

82 Vgl das Kapitel 2.2 dieser Arbeit.
83 Samuel T. Coleridge: *The Rime of the Ancient Mariner*, S. 22.
84 Primo Levi: *Ad ora incerta*. Torino: Einaudi 1984. 2. erw. Aufl. 1990.

Sammlung von Levis Überlegungen zur Shoah, *I sommersi e i salvati*, ein, als wollte er zeigen, dass seine Beschäftigung mit der Shoah nicht mit dem ersten Buch beendet ist, sondern weiter geht, denn der Drang zum Erzählen bleibt, bis er ein aufmerksames Publikum findet. Darüber hinaus zeigt die Wahl dieses Zitats auch, dass Levis Auseinandersetzung mit der Shoah zwar stets präsent ist, aber nicht jeden Augenblick seines Lebens vollkommen bestimmt, sodass sich der Überlebende auch anderen Dingen widmen kann:

> A un'ora incerta, ogni tanto… Non è che io ci viva dentro, questo mondo. Altrimenti non avrei scritto *La chiave a stella*, non avrei messo su famiglia, non farei tante cose che mi piacciono. Ma è vero che, a un'ora incerta, queste memorie ritornano. Sono un recidivo.[85]

Schließlich bedient sich Levi des Vierzeilers, um die eigene Beschreibung der Figur des Überlebenden im Gedicht *Il superstite*,[86] das das Datum des 4. Februar 1984 trägt, zu vervollständigen:

> A B.V.
> *Since then, at an uncertain hour,*
> Dopo di allora, ad ora incerta,
> Quella pena ritorna,
> E se non trova chi lo ascolti
> Gli brucia in petto il cuore.
> Rivede i visi dei suoi compagni
> Lividi nella prima luce,
> grigi di polvere e di cemento,
> Indistinti per nebbia,

---

85 Primo Levi in: Giorgio Calcagno: „Primo Levi: Capire non è perdonare". In: *La Stampa*, 16.07.1986. Jetzt in: Primo Levi: *Conversazioni e interviste 1963–1987*, S. 142–146, hier S. 145f. „*Since then, at an uncertain hour…* Nicht, daß ich in jener Welt leben würde. Sonst hätte ich *den Ringschlüssel* nicht geschrieben, hätte keine Familie gegründet, würde nicht so viele Dinge tun, die ich gerne tue. Aber es stimmt, daß zu ungewisser Stunde diese Erinnerungen zurückkehren. Ich bin ein Rückfälliger". Primo Levi in: Giorgio Calcagno: „Primo Levi: Verstehen heißt nicht verzeihen". In: Primo Levi: *Gespräche und Interviews*, S. 130–135, hier S. 134.
86 Primo Levi: „Il superstite", 04.02.1984. In: Primo Levi: *Ad ora incerta*. S. 76.

Tinti di morte nei sonni inquieti:
Sotto la mora greve dei sogni
Masticando una rapa che non c'è.
"Indietro, via di qui, gente sommersa,
Andate. Non ho soppiantato nessuno,
Non ho usurpato il pane di nessuno,
Nessuno è morto in vece mia. Nessuno.
Ritornate alla vostra nebbia.
Non è colpa mia se vivo e respiro
e mangio e bevo e vesto panni."[87]

Das Gedicht beginnt mit einem direkten englischen Zitat aus dem Coleridgschen Vierzeiler, das dann auf Italienisch in der dritten Person wieder aufgenommen wird und Levis Beschreibung der Figur des Überlebenden einführt. Von einer literarischen Quelle aus, durch einen aktiven Prozess, der dem Dialog nahe steht, skizziert Levi eine neue Figur. Der Bezug auf die Literatur spielt im Gedicht weiterhin eine große Rolle: Zuerst bezieht sich Levi durch die Beschreibungen des Alltags im Lager auf sein eigenes Buch *Se questo è un uomo*, dann kommt er zu einem direkten Dialog mit den Untergegangenen, um dem Schuldgefühl, das alle Überlebenden quält, Ausdruck zu verleihen. Der Aufruf an die Untergegangenen, und damit auch das Gedicht, endet schließlich mit einem Zitat aus der Göttlichen Komödie.[88]

---

87   Primo Levi: „Il superstite". „Seit damals, zu ungewisser Stunde, / kommt dieser Schmerz immer wieder. / Und wenn er niemanden findet, der ihn hört, / verbrennt in der Brust ihm das Herz. / Dann treten vor ihn die Gesichter seiner Gefährten, / Fahl im Licht der Frühe, / Grau vom Staub des Zements, / Verschwommen hinter Nebeln, / Verfärbt vom Tod in ruhlosem Schlaf: / Nachts mahlen die Kiefer / Unter der schweren Verzugslast der Träume / und kauen eine Rübe, die es nicht gibt. / „Zurück, ihr Untergegangenen, weg von hier, / geht wieder. Niemandes Brot hab ich an mich gerissen, / Niemand ist statt meiner gestorben. Niemand. / Kehrt wieder in eure Nebel zurück. / Meine Schuld ist es nicht, daß ich noch lebe und atme / und esse und trinke und schlafe und Kleider trage". Primo Levi: „Der Überlebende". In: Primo Levi: *Zu ungewisser Stunde*. Aus dem Italienischen von Moshe Kahn. München: Hanser 1998, S. 71.
88   Vgl. Dante Alighieri: *Commedia. Inferno*, XXXIII, v. 141: „e mangia e bee e dorme e veste panni".

Wie es anhand dieses Gedichtes eindeutig erscheint, hilft der Dialog mit der Literatur dabei, diese radikal andere Welt des Lagers zu verarbeiten bzw. zu rationalisieren, indem er vertraute Deutungsmodelle bietet, vertraute Figuren, Begriffe und Formen, die dabei helfen, das Unvorstellbare zuerst sich selbst und dann auch anderen zu erklären. Insbesondere die Form der Poesie vermag den Überlebenden dank ihrer Regelmäßigkeit und gebundenen Form bei der Verarbeitung ihrer Erfahrungen am besten zu helfen:

> Es sind Kindergedichte, die in ihrer Regelmäßigkeit ein Gegengewicht zum Chaos stiften wollten, ein poetischer und therapeutischer Versuch, diesem sinnlosen und destruktiven Zirkus, in dem wir untergingen, ein sprachlich Ganzes, Gereimtes entgegenzuhalten. (WL, S. 126f)

Die Kindergedichte, von denen hier die Rede ist, sind die zwei Gedichte, die Klüger im Lager verfasst hat, und die der Leser an verschiedenen Stellen in *weiter leben* wiederfinden kann. In diesen Gedichten begegnet man dem nüchternen und klaren Blick des dreizehnjährigen Mädchens, das um sich schaut und versucht, die „verkehrte" Welt, in der sie sich befindet, auch durch Gedichte zu verstehen, denn „Gedichte sind eine bestimmte Art von Kritik am Leben und könnten […] beim Verstehen helfen" (WL, S. 127). Dies ist beispielsweise im von der Autorin genannten „Kamin-Gedicht" deutlich erkennbar:

> [..]
> Denn das wahre Lebenslicht
> Gilt in Auschwitz längst schon nicht.
> Blickt zur roten Flamme hin:
> Einzig wahr ist der Kamin.
> Auschwitz liegt in seiner Hand,
> Alles, alles wird verbrannt.(WL, S. 107)

In *weiter leben* findet man auch andere Gedichte der Autorin, die sie nach dem Krieg verfasst hat, die aber ebenfalls zur Verarbeitung der Shoah gehören. Viele davon sind eng mit ihrem Dialog mit den Toten verbunden, als wollte sie durch die Poesie einen Dialog stiften, der in der realen Welt nicht mehr möglich war.[89]

---

89 Vgl. das Kapitel 1.4 dieser Arbeit.

Auch Levi versucht, mithilfe der Poesie die eigenen traumatischen Erlebnisse zu verarbeiten. Obwohl die Gedichte insgesamt einen eher kleinen Teil seines Werks darstellen, sind sie neben dem einfachen Erzählen doch die primäre Form, mit denen er seine Erlebnisse der Shoah zu bewältigen versucht. In der Sammlung *Ad ora incerta* finden sich alle Gedichte Levis, darunter das Gedicht *Buna*, in dem Levi sich mit dem Verlust der Menschlichkeit im Lager beschäftigt und welches das Entstehungsdatum des 28.12.1945 trägt, und das Gedicht *Alzarsi*, in dem der Traum der Rückkehr und der Traum des Erzählen-Könnens thematisiert werden, und das als Einleitung zum Buch *La Tregua* fungiert. Aber vor allem findet sich darunter das berühmte Gedicht *Shemà*, das Levi als Auftakt seines Überlebensberichtes wählt und woraus er auch den Titel für sein Buch nimmt. In diesem Gedicht, das sich in einen Dialog mit dem Grundgebet des Judentums (*Shemà Israel*) begibt, wird der Leser dazu aufgefordert, sich mit der Shoah auseinanderzusetzen und das Geschehene nicht zu vergessen.[90]

1.3. Der Dialog mit den Deutschen

Der Versuch einer Rationalisierung, welchen sowohl Levi als auch Klüger im Dialog mit der Literatur unternehmen, wird insbesondere beim italienischen Autor auch durch die Suche nach einem Dialog mit den Deutschen fortgesetzt. Dadurch möchte Levi versuchen, das Geschehen und das deutsche Volk zu verstehen, sowohl den Teil der Deutschen, die für die Shoah verantwortlich sind, als auch den Teil der Deutschen, die einfach nur weggeschaut haben. An diese Deutsche ist der Aufruf gerichtet, der sich in Levis Brief an den deutschen Übersetzer von *Se questo è un uomo* findet, welcher als Vorwort zur deutschen Edition des Buches veröffentlicht wurde:

> Ich habe das deutsche Volk nie gehaßt [...] Doch ich kann nicht sagen, daß ich die Deutschen verstehe. Und was man nicht verstehen kann, bildet eine schmerzhafte Leere, ist ein Stachel, ein dauernder Drang, der Erfüllung fordert. Ich hoffe, daß dieses Buch einigen Widerhall in Deutschland findet: nicht nur aus Ehrgeiz, sondern

---

90 Vgl. das Kapitel 2.1 dieser Arbeit.

weil mir die Natur des Widerhalls vielleicht erlauben wird, die Deutschen besser zu verstehen und diesen Drang zu beschwichtigen... (IM, S. 7f)

Die Antwort auf diesen Aufruf kommt in Form von etwa vierzig Briefen, die deutsche Leser zwischen 1961 und 1964 an Levi schreiben. Daraus entsteht ein Briefwechsel, welchen Levi im Aufsatz *Lettere di tedeschi* veröffentlicht und kommentiert. In diesem Aufsatz, der einen wichtigen Teil seines Buches *I sommersi e i salvati* bildet, denkt Levi darüber nach, dass, auch wenn die Gründe seiner Entscheidung, zu schreiben und Zeugnis abzulegen, sehr verschieden sind, einer der wichtigsten Gründe der Versuch ist, die Deutschen zu verstehen. Nicht nur die Stunde der Abrechnung sei jetzt gekommen, sondern vor allem die Stunde des Dialogs:

> [I]l libro lo avevo scritto sì in italiano, per gli italiani, per i figli, per chi non sapeva, per chi non voleva sapere, per chi non era ancora nato, per chi, volentieri o no, aveva acconsentito all'offesa; ma i suoi destinatari veri, quelli contro cui il libro si puntava come un'arma, erano loro, i tedeschi. Ora l'arma era carica. Si ricordi, da Auschwitz erano passati solo quindici anni: i tedeschi che mi avrebbero letto erano „quelli", non i loro eredi. Da soverchiatori, o da spettatori indifferenti, sarebbero diventati lettori: li avrei costretti, legati davanti a uno specchio. Era venuta l'ora di fare i conti, di abbassare le carte sul tavolo. Soprattutto, l'ora del colloquio. La vendetta non mi interessava [...] A me spettava capire, capirli. Non il manipolo dei grandi colpevoli, ma loro, il popolo [...] Quasi tutti, ma non tutti, erano stati sordi, ciechi e muti [...] quasi tutti, ma non tutti, erano stati vili. (SoSa, S. 138)[91]

---

[91] „[...] natürlich hatte ich das Buch auf italienisch geschrieben, für Italiener, für die junge Generation, für die, die nichts wußten, für die, die nichts wissen wollten, für die, die noch nicht geboren waren, für die, die – bereitwillig oder nicht – das Leid zugelassen hatten. Aber die wirklichen Adressaten des Buchs waren sie, die Deutschen. Jetzt war die Waffe geladen. Zur Erinnerung: Seit Auschwitz waren erst fünfzehn Jahre vergangen. Die Deutschen, die mich lesen würden, waren „jene", nicht ihre Erben. Aus Überwältigern oder teilnahmslosen Zuschauern würden sie zu Lesern werden, Ich würde sie gefesselt vor einen Spiegel zerren. Jetzt war die Stunde der Abrechnung gekommen, der Augenblick, in dem die Karten auf den Tisch gelegt werden mußten. Vor allem aber: die Stunde des Miteinandersprechens. Rache interessierte mich nicht. [...] Ich hingegen mußte verstehen, mußte sie verstehen. Nicht das Häufchen der in hohem Maße Schuldigen, sondern das deutsche Volk [...] Fast alle, aber eben doch

Im Aufsatz analysiert er dann die etwa vierzig Briefe, die er von deutschen Lesern bekommen hat. Der erste ist der Brief eines Mannes, der versucht, die jüngste Vergangenheit zu seinem Vorteil zu vereinfachen, Hitler die ganze Schuld zuzuschieben und das „verratene" deutsche Volk freizusprechen, das keine Ahnung davon hatte, so einem „bösartigen" Führer gefolgt zu sein. Auf diesen Brief antwortet Levi mit einem eigenen Schreiben, in dem er gegen jeden Punkt des Briefes kontert. Er erinnert den Verfasser des Briefes, Herrn H., (und den Leser von *I sommersi e i salvati*) daran, dass es sich auf keinen Fall um einen Verrat von Hitlers Seite handelte: Sein Programm sei hingegen von Anfang an deutlich gewesen (und auch in *Mein Kampf* veröffentlicht). Levi stellt dann Herrn H.s Behauptung, Deutschland sei „das judenfreundlichste Land der Welt"[92] die Tatsache gegenüber, dass der Antisemitismus nicht ein überschaubarer Teil, sondern der ideologische Mittelpunkt des Nationalsozialismus war. Wie konnte dann – fragt Levi –

> [I]l paese più amichevole verso gli ebrei votare il partito, e osannare l'uomo, che definivano gli ebrei i primi nemici della Germania, e obiettivo primo della loro politica 'strozzare l'idra giudaica'? (SoSa, S. 147)[93]

Unten den anderen Briefen, die Levi im Aufsatz betrachtet, findet man solche von Verfassern, die sich schuldig bekennen, nicht aktiv reagiert zu haben – Levi selbst bekräftigt: „la colpa vera, collettiva, generale, di quasi tutti i tedeschi di allora, è stata quella di non aver avuto il coraggio di parlare" (SoSa, S. 149)[94] –, Personen, die (symptomatisch) stets nach Differenzierung und Rechtfertigung suchen, und andere, die Levi für die Hilfe bei der schwierigen Vergangenheitsbewältigung danken.[95] Mit jedem Gesprächspartner nimmt Levi im Aufsatz den

---

       nicht alle, waren taub, blind und stumm gewesen [...] Fast alle, aber eben doch nicht alle, waren feige gewesen." (UG, S. 172f).

92   UG, S. 183.

93   „[D]as judenfreundlichste Land der Welt die Partei wählen und den Mann bejubeln, die die Juden als die primären Feinde Deutschlands definierten und deren primäres politisches Ziel es war, „die jüdische Hydra zu erwürgen"?" (UG, S. 183).

94   „die wirkliche, kollektive und allgemeine Schuld nahezu aller Deutschen damals bestand darin, daß sie nicht den Mut besessen haben zu sprechen." (UG, S. 186).

95   Vgl. SoSa, S. 151.

vergangenen Dialog wieder auf, indem er Auszüge aus den originalen Briefen wie auch aus seinen Antworten zitiert, und sie durch seinen Kommentar miteinander verbindet. Dieser Kommentar führt den Leser durch den Dialog des Autors mit seinen deutschen Lesern.

Unter den „Briefen von Deutschen" nimmt der Briefwechsel mit Hety S. eine besondere Stellung ein, sowohl in quantitativer (es sind mehr als 50 Briefe über eine Zeit von 16 Jahren) als auch in qualitativer Sicht (der Dialog erreicht hier eine Tiefe, die bei den anderen Briefwechseln nicht zu finden ist). Sehr interessant ist auch, dass dieser Dialog im Mittelpunkt einer Konstellation von Autoren der Shoah-Literatur steht, was wiederum einen mehrstimmigen, extrem produktiven Dialog hervorruft. Hety erfährt von *Se questo è un uomo* dank Hermann Langbein, dem Autor von *Menschen in Auschwitz*[96], einem zentralen Text der Shoah-Literatur, und Freund von Levi; es ist darüber hinaus Hety zu verdanken, dass Levi und Jean Améry[97] in Kontakt gekommen sind, woraus später ein fruchtbarer Dialog reich an ergiebigen Meinungsverschiedenheiten entstanden ist. Hety ist es auch zu verdanken, dass es Levi möglich ist, mit einem jener Deutschen in Kontakt zu kommen, die direkte und aktive Verantwortlichkeit für die Shoah tragen. Hety besucht das NSPD-Parteimitglied Albert Speer im Gefängnis, lässt ihm ein Exemplar von *Menschen in Auschwitz* und *Se questo è un uomo* da und bekommt Speers *Spandauer Tagebücher*[98] für Levi. Sie schreibt dann Levi über Speer:

> Non mi pare che cerchi giustificazioni; anche lui vorrebbe capire quanto, anche per lui, capire è impossibile [...] Ha letto con estrema pena il libro di Langbein, e mi ha promesso di leggere anche il Suo. La terrò informato sulle sue reazioni. (SoSa, S. 161)[99]

---

96 Hermann Langbein: *Menschen in Auschwitz*, Wien: Europaverlag 1972.
97 Shoah-Überlebender und wichtiger Autor der Shoah-Literatur, vgl. das Kapitel 3.1 dieser Arbeit.
98 Albert Speer: *Spandauer Tagebücher*, Frankfurt a.M.: Propyläen 1975.
99 „Ich habe nicht den Eindruck, daß er sich zu rechtfertigen versucht, er möchte selbst verstehen lernen, was zu verstehen so unmöglich ist (auch für ihn) [...] [er] las inzwischen Langbeins großes Auschwitz-Buch, so schwer ihm das geworden sein mag; und er wird Ihr Buch in den nächsten Tagen lesen – ich schreibe Ihnen dann, welcher Art seine Reaktion sein wird." (UG, S. 202).

Obwohl er den Dialog als Strategie der Auseinandersetzung fordert und fördert, zeigt Levi an dieser Stelle, wie schwierig dies sein kann: Er gibt zu, Erleichterung empfunden zu haben, dass nie eine Reaktion von Speer gekommen ist, denn „se avessi dovuto (come è usanza fra persone civili) rispondere ad una lettera di Albert Speer, avrei avuto qualche problema" (SoSa, S. 164)[100].

Der Drang, die Deutschen zu verstehen, den Levi in *I sommersi e i salvati* analysiert, findet sich natürlich nicht ausschließlich im letzten Buch von Levi, sondern begleitet ihn bei seiner lebenslangen Auseinandersetzung mit der Shoah. Schon im Lager fühlte er das Bedürfnis zu verstehen: „Metà di *Se questo è un uomo* è dedicata a cercare di spiegare a me stesso, e quindi al lettore, il perché di quella anomalia che sono i Lager tedeschi"[101]. Es wird sogar zum Lebensziel: „Da quarant'anni sono in giro per capire i tedeschi. Capire come abbia potuto succedere è per me uno scopo di vita"[102]. Dieses Bedürfnis kollidiert jedoch mit zwei zentralen Tatsachen. Zum einen ist das Lager, dessen Grund Levi verstehen möchte, eine Welt der Abwesenheit logischer Gründe: nach einer Episode von grundloser Gewalt fragt Levi einen Kameraden: „Warum?". Die lakonische Antwort, die das Wesen des Lagers gut zusammenfasst, lautet „Hier ist kein warum" (SQ, S. 32). Zweitens steht das Bedürfnis zu verstehen neben dem genauso starken Bedürfnis, die Shoah als unverstehbar zu belassen, denn: „Se a queste domande ci fosse risposta, significherebbe che i fatti di

---

100 „Wenn ich (wie es unter zivilisierten Personen Brauch ist) auf einen Brief von Albert Speer hätte antworten müssen, hätte ich vor einigen Problemen gestanden." (UG, S. 202).
101 Primo Levi in: Federico de Melis: „Un'aggressione di nome Kafka". In: *Il manifesto*, 05.05.1983. Jetzt in: Primo Levi: *Conversazioni e interviste 1963–1987*, S. 188–194, hier S. 191. „Die Hälfte von *Ist das ein Mensch?* ist dem Versuch gewidmet, mir selbst und somit dem Leser den Grund dieser scheinbaren Anomalie, wie es die deutschen Lager darstellen, zu erklären." Primo Levi in: Federico de Melis: „Eine Aggression namens Franz Kafka". In: Primo Levi: *Gespräche und Interviews*, S. 163–171, hier S. 166.
102 Primo Levi in: Giorgio Calcagno: „Primo Levi: capire non è perdonare", S. 144: „Seit vierzig Jahren bin ich auf dem Wege, um die Deutschen zu verstehen. Zu verstehen, wie es geschehen konnte, ist für mich ein Lebensziel" Primo Levi in: Giorgio Calcagno: „Primo Levi: Verstehen heißt nicht verzeihen", S. 135.

Auschwitz rientrano nel tessuto delle opere dell'uomo: che essi hanno avuto un movente, e quindi un germe di giustificazione [...]"[103]. Levi bekräftigt das auch an einer anderen Stelle, wo er mit der Etymologie des italienischen Verbs für ‚verstehen' spielt (*comprendere*, aus dem Lateinischen *comprehendere*):

> Quanto ad Auschwitz è avvenuto non si può comprendere, anzi, forse non si deve comprendere. Mi spiego: "comprendere" un proponimento o un comportamento umano significa (anche etimologicamente) contenerlo, contenerne l'autore, mettersi al suo posto, identificarsi con lui. [...] È bene, è desiderabile, che le parole di questi ultimi, e purtroppo anche le loro opere, non ci riescano più comprensibili. Non devono essere comprese: sono parole ed opere extra-umane, anzi, contro-umane, senza precedenti storici, a stento paragonabili alle vicende più crudeli della lotta biologica per l'esistenza. [...] Eppure, ogni uomo civile è tenuto a sapere che Auschwitz è esistito, e che cosa vi è stato perpetrato: se comprendere è impossibile, conoscere è necessario.[104]

Auch bei Klüger steht der Dialog mit den Deutschen im Mittelpunkt ihrer Auseinandersetzung mit der Shoah. Ihr geht es dabei sowohl um ihr eigenes Aufarbeiten als auch um den Verstehensprozess des Gesprächspartners. Das sieht man zum Beispiel im Dialog mit dem deutschen Schriftsteller Martin

---

103 Primo Levi: „Monumento ad Auschwitz". In: *La Stampa*, 18.07.1959. Jetzt in: Primo Levi: *L'asimmetria e la vita*, S. 8–11, hier S. 9f. „Wenn diese Fragen eine Antwort hätten, würde das bedeuten, dass die Ereignisse von Auschwitz einen Platz unter den menschlichen Werken hätten: dass sie einen Beweggrund gehabt haben, und daher einen Keim von Rechtfertigung." Dt. Übersetzung von mir.

104 Primo Levi: *Prefazione a L. Poliakov*, Auschwitz. Roma: Ventro 1968, S. 9–11. Jetzt in: Primo Levi: *L'asimmetria e la vita*, S. 41.43, hier S. 41f. „Was in Auschwitz passiert ist, kann man nicht verstehen, vielleicht *soll* man nicht verstehen. Ich erkläre: ein menschliches Verhalten oder Vorhaben zu verstehen bedeutet – auch aus einer etymologischen Sicht – es zu beinhalten, dessen Autor zu beinhalten, sich in ihn einzufühlen, sich mit ihm zu identifizieren. [...] Es ist gut, es ist wünschenswert, dass die Worte – und leider auch ihre Taten – uns nicht mehr verständlich erscheinen. Sie sollen nicht verstanden sein: sie sind außermenschlich, sogar gegenmenschlich, ohne historische Vorgänger, kaum vergleichbar mit den grausamsten Ereignissen des biologischen Existenzkampfes. [...] Und doch ist jeder bürgerliche Mensch zu wissen verpflichtet, dass Auschwitz existiert hat, und was dort begangen wurde: wenn Verstehen unmöglich ist, Wissen ist nötig."

Walser. Klüger und Walser lernen sich 1947 in Regensburg an der Universität kennen, und beginnen einen Dialog, der sich über ein ganzes Semester erstreckt, aber auch in den nächsten Jahrzehnten trotz der Entfernung andauert. Walser taucht in Klügers Buch *weiter leben* unter dem Namen Christoph auf, und ihrem Dialog sind etwa zehn Seiten gewidmet. Wodurch Walser sich vor allem auszeichnet, das Bewusstsein seiner eigenen Identität, ist vielleicht auch das, was ihn am meisten von der jungen Klüger unterscheidet, die noch auf der Suche nach ihrer Identität ist, die ihr bislang verwehrt wurde. Die identitäre Selbstbehauptung Walsers bringt Klüger dazu, Walser als den „Inbegriff des Deutschen" zu sehen:

> Was mir am meisten imponierte und gleichzeitig irritierte, war, daß er seine Identität hatte. Der war beheimatet in Deutschland, verwurzelt in einer bestimmten deutschen Landschaft und wurde für mich der Inbegriff des Deutschen. (WL, S. 214)

Beide jungen Leute sind auf die Zukunft gerichtet, aber gerade der Dialog mit Walser (der ihr nie Fragen über ihre Erlebnisse während des Krieges stellt) bringt Klüger dazu, sich in ihrem Prozess der Verarbeitung bewusst zu sein, dass das Bedürfnis, weiterzuleben mit dem Bedürfnis einher geht, über das Geschehene zu sprechen und es in den neuen Anfang mit hinein zu nehmen:

> Ich wollte weg von denen, die Ähnliches erlebt hatten wie ich. Christophs Gesellschaft machte es leichter, nicht über das unverständliche Unrecht meiner Herkunft zu sprechen, und gleichzeitig war da der Drang, doch darüber zu sprechen, es miteinzubeziehen in den neuen Anfang. (WL, S. 215)

Klügers Drang zum Erzählen stößt mehrmals auf Walsers Ablehnung: Jahrzehnte später schreibt Walser den Aufsatz *Unser Auschwitz*[105], ohne seine Freundin Ruth jemals nach ihren Erfahrungen gefragt zu haben. Er zeigt sich sogar erstaunt, als Klüger ihm dies übel nimmt: „Er habe nicht gewußt, ich sei dort inhaftiert gewesen. Theresienstadt ja, Auschwitz nicht" (WL, S. 217). Wie Klüger in ihrem Buch ausdrücklich betont, ist es sehr unwahrscheinlich, dass

---

105 Walser, Martin: „Unser Auschwitz", in: *Kursbuch* 1 (Hrsg. von Hans Magnus Enzensberger), 1965.

sie eine solche bedeutende Station ihres Lebens nie erwähnt hätte.[106] Möglicherweise hat also Walsers Haltung eher mit dem eigenen Bedürfnis zu tun, sich der Zukunft zuzuwenden.

Der Dialog zwischen Klüger und Walser steigert sich nach und nach zur Diskussion, und es zeigt sich auch eine Veränderung in der Darstellung. Anstatt in der dritten Person zu erzählen, rekonstruiert Klüger das Gespräch: Sie wendet sich direkt an Walser und gibt dessen Erwiderungen wieder. Insbesondere ein Gespräch über die Bedeutung für sie, Jüdin zu sein, wird nachgezeichnet: Genau wie Klüger sich auch im öffentlichen Diskurs darum bemüht, den Leser zu einer nüchternen und mitdenkenden Auseinandersetzung mit der Shoah zu bewegen, bringt sie Walser durch den Dialog dazu, die Vereinfachungen und Klassifizierungen hinter sich zu lassen, um sich kritisch mit dem Thema auseinanderzusetzen.

Der Dialog mit Walser wird auch im zweiten Erinnerungsbuch von Klüger thematisiert. Das „unterwegs verloren" des Titels bezieht sich auch auf jene zu Ende gegangene Freundschaft mit Walser: „Das alles ist aus. Ging unterwegs verloren" (UV, S. 169). Gerade als Klüger, dank der Veröffentlichung von *weiter leben*, wieder beginnt, eine Beziehung zu Deutschland zu knüpfen, zu welchem Walser ihr hauptsächliches Bindeglied ist, gerät die Freundschaft zwischen den beiden Autoren in eine Krise:

> [...] gerade als ich meinte, Deutschland näher gekommen zu sein und ein neues Verhältnis zu dem Land zu haben, das doch unauslösliche Spuren bei mir hinterlassen hat, da ging die älteste Beziehung, die ich dort hatte, den Bach herunter, und zwar rettungslos und auf immer. (UV, S. 168)

Das Ereignis, das den endgültigen Bruch verursacht, ist die Veröffentlichung von Walsers Roman *Tod eines Kritikers*[107], auf die Klüger empört mit einem offenen Brief reagiert, der in der *Frankfurter Rundschau* veröffentlicht wird. Dieser Brief, der den Titel *Siehe doch Deutschland* trägt (was auch als gesellschaftlicher Appell gelesen werden könnte, sich kritisch mit Walser und seiner Behandlung des Judentums auseinanderzusetzen), ist aus stilistischer Sicht so

---

106 Vgl. WL, S. 217.
107 Martin Walser: *Tod eines Kritikers*, Frankfurt a.M.: Suhrkamp 2002.

gestaltet, dass er wie ein direkter Dialog mit Walser erscheint, in dem dessen (mögliche) Erwiderungen gleich antizipiert werden. Klüger wirft Walser vor, ein Buch geschrieben zu haben, was nicht nur „schlecht" sondern auch „übel" (UV, S. 170) sei, denn es stelle die Gestalt eines bösartigen Juden dar, ohne im Buch den Antisemitismus zu thematisieren. Auf die mögliche Erwiderung Walsers, es sei doch ein Zufall, dass dieser Charakter Jude sei, antwortet Klüger: „Der Zufall hat zwar einen Platz in der Wirklichkeit, aber nicht in der Literatur. […] Realismus in der Literatur ist eben nicht Abklatsch der Wirklichkeit, sondern ihre Interpretation" (UV, S. 171). Und in einer solchen Interpretation spielt die jüngste deutsche Geschichte sicherlich eine Rolle. Walsers Buch greift das in der Figur des bösartigen Juden präsente Thema des Antisemitismus nicht mehr auf, wodurch sein Werk in die Nähe verkitschender Deutschlandbilder gerät:

> Ein Deutschlandbild mit bösartigen oder meinetwegen dem bösen Juden, aber ohne Judenfeindlichkeit, ist, schlicht ausgedrückt, verlogen. Verlogene Darstellung der Wirklichkeit in der Fiktion wird gemeinhin als Kitsch bezeichnet. (UV, S. 173f)

Trotz alledem bleibt Walser für Klüger weiter der Inbegriff des Deutschen: „Und so ist Martin Walser und diese vergangene Freundschaft noch immer Inbegriff meines Deutschlandbildes. Die Widersprüche, die ich hier skizziert habe, lassen sich nicht auflösen." (UV, S. 176)

Der Dialog mit Walser, so wichtig er sein mag, ist jedoch nur eine Facette des Dialogs Klügers mit den Deutschen: Eine andere bildet die Figur Giselas, die „alle jene Vorurteile, Vorbehalte und phrasenhaften Reaktionen bereithält"[108], gegen die Klüger ankämpft. In den in *weiter leben* rekonstruierten Gesprächen mit dieser in Princeton wohnenden Deutschen stellt Klüger Giselas Haltung stets in Frage und bedient sich dieser Haltung, um dem Leser eine der Shoah gegenüber weit verbreite Haltung zu zeigen, die darin besteht, sich mit der Shoah nur innerhalb von klar definierten, oberflächigen Schemata zu beschäftigen, ohne sich dem echten Dialog und damit einer kritischen Auseinandersetzung zu öffnen:

---

108 Irmela von der Lühe: „Das Gefängnis der Erinnerung", S. 36.

[I]hr [war] daran gelegen, alles Geschehene in ihre beschränkte Vorstellungswelt einzuordnen. Alle Kriegserlebnisse sollten auf einen einzigen Nenner, nämlich den eines akzeptablen deutschen Gewissens, zu bringen sein, mit dem sich schlafen läßt. (WL, S. 85)

Eine völlig andere Haltung findet Klüger bei ihren übrigen deutschen Gesprächspartnern wieder: den Göttinger Freunden, denen *weiter leben* gewidmet ist. Diese haben „diese Aussagen [gemeint ist hier *weiter leben*, Anm. d. Verf.] mitbegonnen [...] und dann in Stücken mitgelesen und mitgeredet und hier und da mitgelebt" (WL, S. 284). Klüger hat ihnen das Manuskript gegeben und dann mit ihnen darüber gesprochen, aber anstatt ihre Einwände beiseite zu schieben oder die entsprechenden Stellen zu ändern, hat Klüger die Einwände so in den Text eingebaut, „daß sich eine Art von Gespräch ergibt"[109].

Auch für dialogbereite Menschen birgt ein Dialog über die Shoah jedoch Probleme, wie es in einer von Klüger in *weiter leben* erzählten Episode deutlich dargestellt wird. Beim Abendessen mit den Göttinger Freunden redet man von erlebten Notsituationen. Klüger erwägt zunächst, ihr Erlebnis im Viehwaggon zu erzählen, überlegt es sich dann aber anders:

Diese Geschichte hätte das Gespräch derart gedämpft, den Rahmen dermaßen gesprengt, daß nur ich gesprochen, die anderen mehr oder minder betroffen, bedrückt, geschwiegen hätten, mundtot gemacht von meinem Erlebnis. (WL, S. 110)

Zwischen den Erlebnissen der Freunden und ihren eigenen bleibt „das schwarze Loch der Diskrepanz" (WL, S. 111), obwohl gerade die Vergleiche, egal wie unangemessen sie auch sein mögen, genau das sind, was uns eine aktive Reflexion über das Thema erlaubt: „Wenn man [...] nicht vergleicht, kommt man auf gar keine Gedanken, und es bleibt beim Leerlauf der kreisrunden Fragen, wie in den meisten Gedenkreden" (WL, S. 111).

Aber der Dialog ist nicht nur in das Buch eingebettet: das gesamte Werk *weiter leben* kann als Dialog mit den Deutschen betrachtet werden: die Autorin

---

109 Vgl. Ruth Klüger in: Klaus Naumann, „,Ich komm nicht von Auschwitz her, ich stamm aus Wien'. Gespräch mit Ruth Klüger". In: Sascha Feuchert, *Ruth Klüger, weiter leben*, S. 123–138, hier S. 127.

deutet es in der Widmung („Den Göttinger Freunden – Ein deutsches Buch",) an und erklärt es ausdrücklich im oben genannten Gespräch mit Naumann:

> Ich habe das Buch auf deutsch geschrieben. Das war eine bewußte Wahl, denn ich hätte auch auf englisch schreiben können. Dann hätte ich aber für ein ganz anderes Publikum geschrieben. Ich schrieb es tatsächlich als Auseinandersetzung mit Deutschen.[110]

1.4. Der Dialog mit den Toten

Ein wichtiger Teil der Aufarbeitung für die Überlebenden der Shoah ist es auch, mit dem eigenen Überleben zurecht zu kommen. Denn alle Überlebenden leiden unter dem, was man allgemein Schuldgefühle den Verstorbenen gegenüber genannt hat. Sowohl Levi als auch Klüger sind sich dessen bewusst: Levi analysierte sie auf nüchterne und klare Weise in *Se questo è un uomo* und in vielen Interviews, aber vor allem im Aufsatz *La vergogna* aus *I sommersi e i salvati*, der der Analyse eben dieser Schuldgefühle gewidmet ist. Klüger spricht davon sowohl in *weiter leben* als auch in *unterwegs verloren*, sowie in ihren literaturkritischen Aufsätzen.

Diese Schuldgefühle umfassen eine Vielzahl von Aspekten, die auf dem Gewissen der Überlebenden nach dem Ende der Shoah lasten, obwohl sie an den Geschehnissen natürlich nicht schuld sind und sie sich dessen auf intellektueller Ebene auch bewusst sind. Zum einen haben die befreiten Häftlinge – die nach ihrer Rückkehr in die Gesellschaft ihren Sinn für Verantwortung zurückerlangen – das Gefühl, „di non aver fatto nulla, o non abbastanza, contro il sistema in cui eravamo stati assorbiti" (SoSa, S. 58)[111]. Der fehlende Widerstand in den KZs liegt darin begründet, dass die von der SS benutzten Methoden der Erniedrigung und der Entmenschlichung derart erfolgreich waren, dass ein Aufbegehren in den KZs im Normalfall nicht einmal denkbar war. Es gibt daher, auf einer rationalen Ebene, nicht vieles, dessen man sich schämen

---

110 Ebenda.
111 „nichts oder nicht genug gegen das System unternommen zu haben, in das wir hineingezerrt worden waren" (UG, S. 76).

könnte, aber „la vergogna restava ugualmente, soprattutto davanti ai pochi, lucidi esempi di chi di resistere aveva avuto la possibilità" (SoSa, S. 59)[112], wie beispielsweise der Mann aus dem Sonderkommando (die für den Transport der Leichen von den Gaskammern zum Kamin tätig waren), der sich mit seinen Kameraden dem Auftrag widersetzt hatte und dessen Hinrichtung vor den apathischen Häftlingen in *Se questo è un uomo* beschrieben wird:

> Vorrei poter raccontare che fra di noi, gregge abietto, una voce si fosse levata, un mormorio, un segno di assenso [con le ultime parole del morente, n.d.R.]. Ma nulla è avvenuto. Siamo rimasti in piedi, curvi e grigi, a capo chino [...] Quell'uomo doveva essere duro, doveva essere di un altro metallo del nostro, se questa condizione, da cui noi siamo stati rotti, non ha potuto piegarlo. [...] ora ci opprime la vergogna. (SQ, S. 188f)[113]

Zum anderen wird der Selbstvorwurf erkennbar, nicht genügend menschliche Solidarität gezeigt zu haben, den Mithäftlingen nicht oder nicht genug geholfen zu haben. Schließlich äußern die Autoren das Gefühl, anstelle eines anderen noch am Leben zu sein, das eigene Überleben nicht „verdient" zu haben:

> Hai vergogna perché sei vivo al posto di un altro? Ed in specie, di un uomo più generoso, più sensibile, più degno di vivere di te? Non lo puoi escludere: ti esamini, passi in rassegna i tuoi ricordi, sperando di ritrovarli tutti, e che nessuno di loro si sia mascherato o travestito; no, non trovi trasgressioni palesi, non hai soppiantato nessuno, non hai picchiato (ma ne avresti avuto la forza?), non hai accettato cariche (ma non ti sono state offerte...), non hai rubato il pane di nessuno; tuttavia non lo puoi escludere. (SoSa, S. 63)[114]

---

112 „dennoch blieb die Scham, vor allem angesichts der wenigen leuchtenden Beispiele derer, die die Kraft und die Möglichkeit zu Widerstand gehabt hatten" (UG, S. 76).

113 „Könnte ich noch berichten, daß sich aus uns verworfner Herde eine Stimme erhoben hätte, ein Murmeln, eine Äußerung von Einverständnis [mit den letzten Worten des Sterbenden, Anm. d. Verf.]. Nichts geschah. Wir blieben stehen, gebeugt und grau und gesenktes Hauptes [...] Dieser Mensch muß hart gewesen sein, wenn ihn diese Bedingungen, an denen wir zerbrachen, nicht haben beugen können. [...] Jetzt bedrückt uns die Scham" (IM, S. 142f).

114 „Kommt deine Scham daher, daß du an Stelle eines anderen lebst? Und vor allem an Stelle eines großherzigeren, sensibleren, verständigeren, nützlicheren, des Lebens würdigeren Menschen als du? Du kannst es nicht ausschließen: du erforschst dich, läßt deine Erinnerung an dir vorüberziehen und hoffst, sie alle wiederzufinden und

Sowohl Levi als auch Klüger scheinen die „Geretteten" des Lagers die „Schlimmsten" gewesen zu sein: „sopravvivevano i peggiori, cioé i più adatti; i migliori sono morti tutti [...] non malgrado il loro valore ma per il loro valore" (SoSa, S. 64)[115]. Und aus diesem Grund begibt Levi sich auf die Suche nach einer Rechtfertigung: „Mi sentivo sì innocente, ma intruppato fra i salvati, e perciò alla ricerca perenne di una giustificazione, davanti agli occhi miei e degli altri" (SoSa, S. 63f)[116].

Klüger empfindet ein ähnliches Schuldgefühl, welches sie auch „Gefühl von Verrat" (WL, S. 184) nennt. Sie führt im Buch dazu eine Episode als Beispiel an: Als ihr und ihrer Mutter die Flucht schon gelungen war, sieht sie einen Zug von KZ-Häftlingen durch die Stadt gehen und sieht somit eine Situation, in der sie sich vor wenigen Wochen noch selbst befunden hat, von außen. Das Gefühl von Verrat ist stark, obwohl Klüger das Bedürfnis hat, dieses Schuldgefühl genauer zu erklären:

> Die Schuldgefühle der Überlebenden sind ja nicht etwa so, daß wir uns einbilden, wir hätten kein Recht aufs Leben. Ich jedenfalls habe nie geglaubt, ich hätte sterben sollen, weil andere getötet worden waren. Ich hatte ja nichts angestellt, wofür sollte ich büßen? Ein ‚Schulden'gefühl sollte man sagen können. Man bleibt verpflichtet auf eigentümliche Weise, man weiß nicht wem. Man möchte von den Tätern nehmen, um den Toten zu geben, und weiß nicht wie. (WL, S. 185)

Auch die Aufforderung einer entfernten Tante in New York, alles, was ihr in Deutschland passiert ist, zu vergessen, empfindet sie als „Einladung zum Verrat an meinen Leuten, an meinen Toten" (WL, S. 230).

---

    daß sich keine von ihnen eine Maske aufgesetzt oder sich verkleidet hat. Nein, du findest keine offenkundigen Übertretungen, du hast niemanden verdrängt, du hast niemanden geprügelt (aber hättest du die Kraft dazu gehabt?), du hast kein Amt angenommen (aber es ist dir auch keins angeboten worden...), du hast niemandem das Brot gestohlen. Und doch kannst du es nicht ausschließen" (UG, S. 81).

115 „Überlebt haben die Schlimmsten, und das heißt die Anpassungsfähigsten. Die Besten sind alle gestorben [...] nicht trotz ihrer Qualitäten und ihres Muts, sondern gerade deswegen" (UG, S. 82f).

116 „Gewiß, ich fühlte mich ohne Schuld, aber gleichzeitig war ich den Geretteten zugesellt und daher auf der ständigen Suche nach einer Rechtfertigung vor mir selbst und vor den anderen" (UG, S. 82).

Levi akzeptiert sofort die Aufgabe, Zeugnis abzulegen und damit auch die Aufgabe, den Toten eine Stimme zu geben: „L'ho fatto, meglio che ho potuto, e non avrei potuto non farlo; e ancora lo faccio, ogni volta che se ne presenta l'occasione" (SoSa, S. 64)[117].

Für Klüger ist der Weg zum Zeugnis und daher, wie sie selbst sagt, zur Auseinandersetzung mit ihren „Gespenstern"[118], etwa weiter. Zuerst will sie sich damit nicht auseinandersetzen, wenngleich sie die Gespenster nicht vergessen kann oder will. Das sieht man gut am Beispiel eines ihrer Gedichte aus den 60er Jahren, *Aussageverweigerung*:

> Überall war ich angeklagt,
> Überall war mir der Eintritt verboten.
> Alle Gendarmen haben mich ausgefragt,
> Wo ich ging und stand, nach dem Toten.
>
> Und jedes Verhör ist über Ereignen,
> Das neben mir stattfand, doch ohne mich.
> Hingeschaut hab ich, wie könnt ich es leugnen?
> Aber die allerverlogensten Zeugen
> sind nicht so unzuverlässig wie ich.
>
> Jedes hergelaufene Gespenst kann mich enteignen,
> Weil ich weiter muß, wenn eins sagt: „Sprich." (WL, S. 284)

Dreißig Jahre später stellt sie dieses Gedicht ans Ende von *weiter leben*, wo sie sich zum ersten Mal mit ihren „Gespenstern" auseinandersetzt. „[J]etzt könnten sie mich in Ruhe lassen" (WL, S. 284), fügt Klüger hinzu, denn nun hat sie Zeugnis abgelegt.

Während für beide Autoren das Erzählen von den „Untergegangenen" einer der Hauptgründe ist, Zeugnis abzulegen, sind sie auch der der Shoah-Literatur eigenen Aporie bewusst:

---

117 „Das habe ich getan, so gut ich konnte, und ich hätte auch nicht anders gekonnt. Und immer noch lege ich Zeugnis ab, wann immer sich dazu eine Gelegenheit bietet" (UG, S. 83).
118 Vgl. WL, S. 279.

Die Memoirenliteratur hat den Nachteil, daß sie von Überlebenden handelt. Man klammert sich beim Lesen an das Schicksal des Einzelnen, wünscht ihm alles Gute, ist erleichtert, dass er (oder sie) es schafft, zu entkommen. Dadurch wird die Aufmerksamkeit abgelenkt von dem Außerordentlichen dieser Erfahrungen, dem so schwer beizukommen ist, und auf bekannte Schienen gelenkt. Die besten solcher Memoiren schmälern diesen Triumph des Überlebens, so gut es geht [...] Aber es bleibt ein unvermeidlicher Nachteil dieser Erlebnisbücher, daß die Identifikationsgestalt, also der Icherzähler, mit dem Leben davonkommt, während diese Bücher eigentlich geschrieben wurden, um von denen zu erzählen, die nicht überlebt haben. Es besteht also das Paradox, daß in solchen autobiografischen Berichten das Entsetzen über den Massenmord gerade durch den entsetzten Erzähler, der ja nicht ermordet wurde, geschwächt wird.[119]

Beide Autoren problematisieren diese Aporie in ihren Werken, um eine falsche Identifikation bzw. Vorstellung des Lesers zu vermeiden: Levi (wie es auch Klüger selbst bemerkt)[120] beendet *Se questo è un uomo* nicht mit dem Feiern der Befreiung und des eigenen Überlebens, sondern mit dem Tod eines Kameraden und einem knappen Hinweis auf das Weiterbestehen seines Dialogs mit Charles. In *I sommersi e i salvati*[121] wird dann diese Aporie thematisiert, und auch in Klügers Erinnerungen hat sie einen relevanten Platz.[122]

Levi und Klüger geben sich jedoch mit der nüchternen Analyse der problematischen Konstellation des Verhältnisses zu den Ermordeten und des Zeugnisablegens nicht zufrieden: Wie sie selbst feststellen, gibt es für die Schuldgefühle der Überlebenden nur bis zu einem gewissen Grad eine logische, vernünftige Erklärung, die für die Überlebenden jedoch nicht ausreicht, um mit dem eigenen Schicksal zurecht zu kommen. Sie suchen daher einen direkten Kontakt mit den Toten, und zwar durch einen Dialog.

Levi wendet sich an die „Untergegangenen" zum Beispiel im Gedicht *il superstite*: Er spricht sie direkt an und fordert, dass sie ihn in Ruhe lassen, denn er habe niemanden verdrängt und niemandem das Brot gestohlen.[123] Der Dialog

---

119 Ruth Klüger: „Dichten über die Shoah", S. 210.
120 Vgl. ebenda.
121 Vgl. SoSa, S. 64.
122 Vgl. WL, S. 140.
123 Vgl. Primo Levi, „il superstite", S. 76.

Klügers mit den Toten, oder „Gespenstern", wie sie sie nennt, ist noch persönlicher, denn er vollzieht sich als Gespräch mit dem gestorbenen Vater und vor allem mit dem Halbbruder Schorschi. Mit beiden versucht sie, durch Überlegungen und Erinnerungen in (geistigen) Kontakt zu treten, aber auch durch Gedichte, die sie über beide und für beide schreibt.[124] Die Gedichte sind ihre Form der Trauerarbeit,[125] denn als Frau kann sie in der jüdischen Religion nicht offiziell um ihre Toten trauern,[126] aber sie sind auch eine Möglichkeit, mit Vater und Bruder ins Gespräch zu kommen. Sowohl den Vater als auch den Bruder spricht sie direkt an:[127] „Wenn ich euch nicht versöhnen kann, dann laßt es bleiben. Ich kann nicht eure Gräber mit euch schaufeln. Wer nicht mit euch starb, muß anders und zu einem anderen Zeitpunkt sterben." (WL, S. 99) Aber ihre Gespenster lassen sie nicht in Ruhe, bis sie ihnen ihre Stimme geliehen hat: „Schließlich haben sie mir ein Bein gestellt, so daß ich auf den Kopf fiel, und was mir danach einfiel, oder was dabei herausfiel, hab ich ausgesagt" (WL, S. 284).

---

124 Vgl. WL, S. 36f, 98f.
125 Vgl. WL, S. 233.
126 Vgl. WL, S. 25.
127 Vgl. jeweils WL, S. 27 und WL, S. 23.

2. Der Dialog als Strategie der öffentlichen Auseinandersetzung mit der Shoah

Der Dialog dient Levi und Klüger nicht nur als Strategie für die eigene Auseinandersetzung mit der Shoah, sondern auch als Mittel, um die Gesellschaft zu einer bewussteren Auseinandersetzung mit der Shoah anzuregen. Das bedeutet erstens, das Publikum zu einer Reaktion zu zwingen: Insbesondere in der Nachkriegszeit sind sowohl die ehemaligen Täter als auch viele Opfer und die westliche Gesellschaft im Allgemeinen vollkommen auf die Zukunft ausgerichtet und wollen die jüngste Vergangenheit am liebsten ausradieren. Zweitens geht es darum, eine persönliche Auseinandersetzung in den Lesern anzuregen und deren Rückgriff auf simplifizierende Stereotype und verallgemeinernde Dichotomien (z.B. zwischen gut und böse, Täter und Opfer) entgegen zu wirken. Schließlich möchten Levi und Klüger die Leser durch den Dialog zu einer vernünftigen und kritischen Auseinandersetzung mit der Shoah aufrufen, die von einer rein emotionalen Reaktion Abstand nehmen soll, denn diese betrifft weniger die Shoah selbst als die Gefühle des Lesers. Darüber hinaus bleibt sie, so stark sie auch sein mag, eine momentane Reaktion, die schnell in Vergessenheit gerät; denn „was man nicht wahrnimmt und aufnimmt, hat man tatsächlich nicht gesehen" sagt Klüger in *weiter leben* (WL, S. 186).

Diese Suche nach dem Dialog auch im öffentlichen Bereich spielt für die öffentliche Beschäftigung mit der Shoah sowohl bei Levi als auch bei Klüger eine wichtige Rolle. Wegen ihrer unterschiedlichen Charaktere und der verschiedenen Voraussetzungen ihres Schreibens nimmt diese Suche jedoch zwei teilweise voneinander abweichende Richtungen.

Levi beginnt seine Karriere als Schriftsteller und Zeuge der Shoah noch in den Vierziger Jahren in Italien: Das Problem besteht zu dieser Zeit hauptsächlich darin, dass die Leute nicht hören wollen, was er erzählt, denn wie oben schon erwähnt sind sie vollkommen auf die Zukunft ausgerichtet. Die Shoah als Begriff existiert damals auch nicht, ihre Einzigartigkeit ist noch nicht erkannt geworden; man weiß nur, dass unter anderen auch viele Juden während des zweiten Weltkriegs umgekommen sind. Was Levi daher vorhat, ist, die Gesellschaft überhaupt erst einmal zu einer Beschäftigung mit der Shoah zu bewegen. Er widmet sich der Shoah auch in den nachfolgenden Jahren, denn er wird Zeugnis ablegen und sich mit der Shoah bis zu seinem Tod im Jahr 1986 auseinandersetzen. Die Probleme, die er in Angriff nimmt, ändern sich mit den Jahren: Die Shoah wird im Laufe der Jahre als Ereignis anerkannt, aber es stellt sich das Problem, wie man mit so einem schwierigen Thema umgehen kann (Darstellungsverbot, Filmdarstellung, usw.). Schließlich sieht er sich in seinen letzten Jahren mit den verschiedenen Facetten der Verleugnung der Shoah konfrontiert: Menschen, die sich Mühe geben, eine Wirklichkeit zu verleugnen, die er erlebt hat. Das letzte Buch von Levi, *I sommersi e i salvati*, gilt als Zusammenfassung und Sammlung seiner lebenslangen Überlegungen zur Shoah.

Klüger widmet sich von Anfang an sowohl ihrer eigenen Auseinandersetzung mit der Shoah als auch der der anderen, wie der Leser aus den vielen in *weiter leben* wiedergegebenen Gesprächen Klügers schließen kann. Auf systematische und öffentliche Weise beginnt sie sich (in ihren Werken, als öffentliche Figur) aber erst in den Neunziger Jahren mit dem Thema zu befassen. Das bedeutet, dass die Fragestellungen, die sie aufgreift, sich von denen Levis sehr unterscheiden. Zu dieser Zeit ist das Hauptproblem im Umgang mit der Shoah nicht mehr die Ablehnung einer Beschäftigung damit, sondern die Weise, auf welche eine solche Beschäftigung erfolgen soll.

2.1. Der Dialog mit den Lesern

Einer der direkteren Wege, die einem Schriftsteller zur Verfügung stehen, um in Kontakt mit der Gesellschaft zu treten, ist derjenige des Dialogs mit den Lesern. Sowohl Levi als auch Klüger sind sich dessen bewusst und nutzen diese Gelegenheit.

Als er in den vierziger Jahren seinen Erfahrungsbericht schreibt, ist es Levis Hauptanliegen den Lesern gegenüber, von seinen Erfahrungen möglichst klar zu erzählen. Denn zu jener Zeit mangelt es teilweise noch an Informationen über die Shoah und es herrscht eine gewisse Ungläubigkeit aufgrund des drastischen Ausmaßes der begangenen Untaten vor, sodass Levi sich dazu gezwungen fühlt, im Vorwort zu bekräftigen, keines der im Buch erzählten Ereignisse sei erfunden.[128]

Seine Erfahrungen zu erzählen, bedeutet für Levi, Zeugnis abzulegen. Deshalb erzählt er nur, was er persönlich erlebt hat, ohne Verallgemeinerungen in den Text zu integrieren, und er versucht, seinen Stil klar und sachlich zu halten:

> Ich habe *Ist das ein Mensch?* vor vierzig Jahren geschrieben, und damals interessierte mich ausschließlich der rechtliche Tatbestand, wenn ich es einmal so nennen darf: Zeugnis abzulegen. In der Tat ist das Buch so geschrieben, wie ein Zeuge sprechen würde. Ich trete nie als Richter auf, Richter sollen meine Leser sein. Damals wollte ich das so; mein Anliegen war, Tatsachen zu erzählen. Es fehlen sogar Zahlenangaben, denn ich kannte die Zahlen nicht oder nur unzureichend. Ich spreche nur von dem, was ich mit eigenen Augen gesehen habe, nie von Millionen. Meine schriftstellerische Absicht war damals ausschließlich, die Tatsachen, die ich erlebt hatte, zu erzählen.[129]

Levi versucht in seiner Erzählung die Nüchternheit zu bewahren. Seine Haltung soll die eines Zeugen sein, der glaubwürdig ist, und nicht diejenige des Opfers, der Mitleid hervorrufen möchte. Deshalb enthält er sich der Empörung, denn

> È più efficace una testimonianza fatta con ritegno che una fatta con sdegno: lo sdegno dev'essere del lettore, non dell'autore e non è detto che lo sdegno dell'autore diventi sdegno del lettore. Io ho voluto fornir al lettore la materia prima per il *suo* sdegno.[130]

---

128 Vgl. Primo Levi: *Se questo è un uomo*, Vorwort zur italienischen Ausgabe, in: SQ, S. 8.

129 Primo Levi in: Barbara Kleiner: „Bild der Unwürde und Würde des Menschen". In: *Neue Musikzeitung*, August/September 1986. Jetzt in: Primo Levi: *Gespräche und Interviews*, S. 66–72, hier S. 66.

130 Primo Levi in: Marco Vigevani: *Le parole, il ricordo, la speranza*. S. 214. „Ein verhalten vorgetragener Zeugenbericht ist wirkungsvoller als einer voller Empörung: Die Empörung muß beim Leser entstehen, nicht beim Autor, denn es ist nicht gesagt, daß die Empörung des Autors sich auf den Leser überträgt. Ich wollte dem Leser den Rohstoff für *seine* Empörung liefern." Primo Levi in: Marco Vigevani: *Worte, Erinnerung, Hoffnung*. In: Primo Levi: *Gespräche und Interviews*, S. 224–235, hier S. 224f.

In diesem Satz, der als Grundlage für seinen Erzählstil des Zeugen gesehen werden kann, wird gleichzeitig deutlich, dass eine vollkommene Objektivität außer Reichweite bleibt und dass dem Leser keine komplette Freiheit in seiner Auseinandersetzung mit der Shoah gelassen wird. Im zitierten Satz setzt Levi nämlich voraus, dass der Leser sich empört, auch wenn Levi dann darauf verzichtet, sich selbst zu empören. Bigsby betont, dass „he [Levi] did not write it to accuse, though accusations shape themselves from what he describes"[131]. Durch diesen Verzicht auf das eigene Urteil führt Levi den Leser zu einer persönlichen Auseinandersetzung mit dem Thema, denn die Entscheidung darüber, was man aus den Erzählungen Levis schließen kann, wird dem Leser überlassen. Zusammenfassend lässt sich festhalten, dass das Zeugnis Levis kein reines Zeugnis im rechtlichen Sinne ist, wie es noch sein erster Bericht über die Konditionen im Lager[132] war, sondern ein literarisches Werk, bei dem eine auktoriale Präsenz zu erkennen ist. Durch solche auktoriale Entscheidungen wie die Klarheit und Sachlichkeit des Stils und der Verzicht auf ein eigenes Urteil führt der Autor den Leser dahin, mitzudenken und sich persönlich mit dem Thema auseinanderzusetzen. Die Klarheit des Stils spielt auch deshalb eine große Rolle bei Levi, weil sie Voraussetzung für das Hauptanliegen des Autors ist: das vollständige Begreifen der Situation auf Seiten der Leser und damit den Erfolg der Mitteilung. Ein Zeugnis muss nämlich bestimmte Charakteristika aufweisen: Levi sieht seine schriftstellerische Aktivität als

> [U]n servizio pubblico che deve funzionare: il lettore deve capire quello che io scrivo, non dico tutti i lettori, perché c'è il lettore quasi analfabeta, ma la maggior parte dei lettori, anche se non sono molto preparati, devono ricevere la mia comunicazione, non dico messaggio, che è una parola troppo aulica, ma la mia comunicazione. Dev'essere un telefono che funziona il libro scritto [...].[133]

---

131 Christopher W. Bigsby: *Remembering and Imagining the Holocaust. The Chain of Memory*. Cambridge: Cambridge University Press 2006, S. 291.
132 Primo Levi, Leonardo De Benedetti: "Rapporto sulla organizzazione igienico-sanitaria del campo di concentramento per Ebrei di Monowitz (Auschwitz-Alta Slesia)". In: *Minerva Medica* n. 47 (24.11.1946).
133 Primo Levi in: Dina Luce: „Il suono e la mente", RAI, seconda rete radiofonica, 04.10.1982. Jetzt in: Primo Levi: *Conversazioni e interviste 1963–1987*,

Die Klarheit des Stils ist jedoch nicht die einzige Technik, die Levi benutzt, um seine Erlebnisse dem Leser mitteilen zu können. Gian Paolo Biasin identifiziert zwei weitere Techniken: den *reverse process of the defamiliarization technique* und die *distancing/identification technique*.[134]

Während die *defamiliarization technique* die Aufmerksamkeit des Lesers durch den Gebrauch von unvertrauten Wörtern auf eine vertraute Realität lenkt, benutzt Levi deren Umkehrung (den *reverse process*), um eine fremde Realität durch vertraute Parameter verständlich zu machen.[135] Levi kann dadurch zeigen, dass es sich nicht um Monster in einer außermenschlichen Welt handelt, sondern um normale Menschen im näheren Europa: Der Leser kann daher das Erzählte nicht mit der Begründung von sich fern halten, es sei etwas, das ihn nicht betreffe.

Die andere Technik, die Levi im Buch benutzt, ist die der Balance zwischen Distanzierung und Identifizierung. Es gibt im Buch eine gewisse Distanzierung, denn wie gesagt will Levi Zeuge und nicht Opfer sein und das Urteil den Lesern überlassen, aber gleichzeitig zieht er die Leser gewissermaßen in das Geschehen mit hinein, und lässt sie sich zumindest teilweise mit den Opfern identifizieren, wie zum Beispiel durch den Appell an den Leser, als Levi die Abfahrt der italienischen Juden aus Fossoli nach Auschwitz beschreibt: „Non fareste anche voi altrettanto? Se dovessero uccidervi domani col vostro bambino, voi non gli dareste oggi da mangiare?" (SQ, S. 14)[136]. Zu betonen ist, dass es

---

S. 33–46, hier S. 40. „[E]ine öffentliche Dienstleistung, die funktionieren muß: Der Leser muß verstehen, was ich schreibe, ich sage nicht, alle Leser, denn es gibt auch den fast analphabetischen Leser, aber der größte Teil der Leser, auch wenn sie nicht sehr gebildet sind, muß meine Mitteilung empfangen, ich sage nicht Botschaft, was ein zu hochgestochenes Wort ist, sondern meine Mitteilung. Das geschriebene Buch muß ein funktionierendes Telefon sein [...]". Primo Levi in: Dina Luce: „Klang und Verstand". In: Primo Levi: *Gespräche und Interviews*, S. 31–47, hier S. 39.

134 Vgl. Gian Paolo Biasin: „Our daily Bread-Pane-Brot-Broid-Chleb-Pain-Lechem-Kenyér". In: *Primo Levi as Witness*. Proceedings of a Symposium held a Princeton University, April 30–May 2, 1989. Hrsg. von Pietro Frassica. Fiesole: Casalini Libri 1990, S. 1–20.

135 Vgl. ebenda, S. 8.

136 „Tätet ihr's nicht ebenso? Würde man euch und euer Kind morgen ums Leben bringen, gäbt ihr ihm dann heute nicht zu essen?" (IM, S. 13).

hier nicht um die Identifikation mit dem Autor geht – dessen Überleben nicht stellvertretend für das Schicksal der Mehrheit der Opfer der Shoah ist – sondern um die Identifikation mit den verstummten Opfern, den „Untergegangenen".

Der Dialog Levis mit seinen Lesern, und seine Aufforderung an sie, sich persönlich mit der Shoah auseinanderzusetzen, wird am deutlichsten in dem Gedicht ausgedrückt, das seinen Überlebensbericht einleitet:

> Voi che vivete sicuri
> Nelle vostre tiepide case,
> Voi che trovate tornando a sera
> Il cibo caldo e visi amici:
> Considerate se questo è un uomo
> […]
> Considerate se questa è una donna,
> […]
> Meditate che questo è stato:
> Vi comando queste parole.
> Scolpitele nel vostro cuore
> Stando in casa andando per via,
> Coricandovi alzandovi;
> Ripetetele ai vostri figli.
> […] (SQ, S. 9)[137]

Hier wendet sich Levi direkt an die Leser und fordert sie auf, trotz oder gerade wegen ihres Wohlstands an die Opfer der Shoah zu denken, darüber zu reflektieren und deren Erinnerung lebendig zu halten. Anzumerken ist auch, dass dieses Gedicht in der Sammlung *Ad ora incerta* mit dem Titel *Shemà* vorkommt, was „höre" auf Hebräisch bedeutet und somit den dialogischen Charakter des Gedichts betont und auch eine direkte Anspielung auf das Grundgebet des Judentums (*Shemà Israel*) ist.

---

137 „Ihr die ihr gesichert lebet / in behaglicher Wohnung; / Ihr, die ihr abends beim Heimkehren / warme Speise findet und vertraute Gesichter: // Denket, ob dies ein Mann sei, / […] / Denket, ob dies eine Frau sein, / […] / Denket, das solches gewesen. // Es sollen sein diese Worte in eurem Herzen. / Ihr sollt über sie sinnen, wenn ihr sitzet / In einem Hause, wenn ihr geht auf euren Wegen, / wenn ihr euch niederlegt und wenn ihr aufsteht; / Ihr sollt sie einschärfen euern Kindern. // […]" (IM, S. 9).

Im späteren Buch *I sommersi e i salvati* ist die Aufforderung zur persönlichen Reflexion seitens der Leser noch stärker, denn die Information über die KZs ist nun zugänglich und verbreitet: Levi muss die Leser über die KZ nicht mehr informieren, er möchte sie vielmehr zu einer aktiven Auseinandersetzung mit der Shoah anregen.

Die Aufforderung zum Mitdenken und zur persönlichen und aktiven Auseinandersetzung mit der Shoah charakterisiert auch den Dialog zwischen Klüger und ihren Lesern. Die Autorin will nämlich nicht, dass die Beschäftigung mit der Shoah auf einer rein emotionalen Ebene bleibt, sondern verlangt von den Lesern eine nüchterne und mitdenkende Lektüre – soweit dies bei einem emotional derart belasteten Thema möglich ist–, die sie zu einer persönlichen Auseinandersetzung führen soll. Um das zu erreichen, fordert sie sie unter anderem an einer Stelle in *weiter leben* ausdrücklich dazu auf, streitsüchtig zu werden und die Auseinandersetzung zu suchen:

> Ihr müsst euch nicht mit mir identifizieren, es ist mir sogar lieber, wenn ihr es nicht tut; und wenn ich euch »artfremd« erscheine, so will ich auch das hinnehmen (aber ungern) und, falls ich euch durch den Gebrauch dieses bösen Wortes geärgert habe, mich dafür entschuldigen. Aber lasst euch doch mindestens reizen, verschanzt euch nicht, sagt nicht von vornherein, das gehe euch nichts an oder es gehe euch nur innerhalb eines festgelegten, von euch im voraus mit Zirkel und Lineal säuberlich abgegrenzten Rahmens an, ihr hättet ja schon die Photographien mit den Leichenhaufen ausgestanden und euer Pensum an Mitschuld und Mitleid absolviert. Werdet streitsüchtig, sucht die Auseinandersetzung. (WL, S. 142)

Wie es von der Autorin ausdrücklich gesagt wird, spielt im Dialog zwischen Klüger und ihren Lesern die Ablehnung der Identifikation eine große Rolle. Die Autorin will, dass die Leser sich persönlich mit der Shoah auseinandersetzen, und das bedeutet zum einen, dass sie mitdenken und eine eigene Reflexion entwickeln, ohne sich in ein vorhandenes Schema zu flüchten, und zum anderen, dass die Identifikation vermieden werden soll. In der Identifikation besteht nämlich seitens der Leser die Gefahr einer Verallgemeinerung des einzelnen Schicksals als stellvertretend für die gesamte Shoah: Dies lenkt die Aufmerksamkeit auf die Rettungsgeschichte der Überlebenden hin und damit weg vom Tod der Opfer der Shoah, wovon die Überlebenden eigentlich berichten wollen.[138] Der Leser freut sich mit dem Erzähler auf das Happy-End seiner Geschichte[139] und denkt nicht daran, dass die Überlebenden im Kontext der Shoah eine eher unvorhergesehene und kleine Minderheit bilden.

Auch an anderer Stelle von *weiter leben* fordert Klüger die Leser auf, sich nicht allein mit ihr über ihr Weiterleben zu freuen, sondern auch über das Schicksal der Ermordeten der Shoah zu reflektieren:

> Wie kann ich euch, meine Leser, davon abhalten, euch mit mir zu freuen, wenn ich doch jetzt, wo mir die Gaskammern nicht mehr drohen, auf das Happy-End einer Nachkriegswelt zusteure, die ich mit euch teile? [...] Wie kann ich euch vom Aufatmen abhalten? Denn den Toten ist damit nicht geholfen. (WL, S. 140)

Klügers Versuch, die Identifikation und die daraus entstehende Katharsis zu vermeiden, und die Auseinandersetzung mit der Shoah auf einer nüchternen Ebene zu halten, drückt sich nicht nur in direkten Appellen an die Leser aus. Dazu tragen auch andere Faktoren bei, wie zum Beispiel der Dialog mit der Literatur und mit der Shoah-Literatur, die die Narration teilweise unterbrechen und auf einer Metaebene eine zusätzliche Reflexion innerhalb des Buchs einführen. Eine Identifizierung wird weiterhin erschwert durch häufige Zeitsprünge zwischen der erzählten Kindheit und Jugend und der Erzählgegenwart, sowie durch die Mischung aus Erinnerungen und Überlegungen zur Shoah. Eine Unterbindung der Identifikation soll schließlich auch durch den schroffen Ton und die Enttäuschung der Lesererwartung erfüllt werden, was sich zum Beispiel in der Entmythisierung der Shoah sowie im Auftauchen von diskrepanten Empfindungen in einer tragischen Situation ausdrückt, etwa wenn Klüger die Vorstellung von Läuterung durch Leid entmystifiziert und die Shoah als Möglichkeit der Festigung der Familienbande als „rührselige[n] Unsinn"(WL, S. 12) definiert.[140]

---

138 Vgl. das Kapitel 1.4 dieser Arbeit.
139 Obwohl das Überleben für die Überlebenden selbst nicht unbedingt ein Happy-End ist, vgl. WL, S. 108.
140 Vgl. Auch Irene Heidelberger-Leonard: „Ruth Klüger *weiter leben* – ein Grundstein zu einem neuen Auschwitz-»Kanon«?". In: *Deutsche Nachkriegsliteratur und der Holocaust*. Hrsg. von Stephan Braese und Holger Gehle [u.a.]. Frankfurt a.M. [u.a.]: Campus-Verl. 1998, S. 157–169, hier S. 161.

Die Distanzierung soll auch dazu beitragen, dass die Leser das Dialogangebot richtig interpretieren, nämlich als Raum für eine Reflexion über die Shoah, und nicht als Versöhnung. Die Adressaten des Buchs sind nämlich Deutsche[141], wie die Autorin sowohl in ihrer Widmung als auch im Buch selbst ausdrücklich betont:

> Für wen schreib ich das hier eigentlich? Also bestimmt schreib ich es nicht für Juden, denn das täte ich gewiß nicht in einer Sprache, die zwar damals, als ich ein Kind war, von so vielen Juden gesprochen, gelesen und geliebt wurde, daß sie manchen als die jüdische Sprache schlechthin galt, die aber heute nur noch sehr wenige Juden gut beherrschen. Also schreib ich es für die, die nicht mit den Tätern und nicht mit den Opfern fühlen wollen oder können, und für die, die es für psychisch ungesund halten, zuviel von den Untaten der Menschen zu lesen und zu hören? Ich schreibe es für die, die finden, daß ich eine Fremdheit ausstrahle, die unüberwindlich ist? Anders gesagt, ich schreib es für Deutsche. Aber seid ihr das wirklich? Wollt ihr wirklich so sein? (WL, S. 142)

Ein weiterer Hinweis darauf, dass das Buch und der Dialog für das deutsche Publikum vorgesehen sind, besteht im bedeutenden Unterschied, den es zwischen *weiter leben* und dessen englischer Version *Still Alive*[142] gibt. Es handelt sich nämlich um keine Übersetzung, sondern um eine Neufassung des Buchs durch die Autorin für das amerikanische Publikum.[143] In dieser amerikanischen Version fehlt – neben anderen Veränderungen, die mit den kulturellen Unterschieden zu tun haben – die große Aufforderung an die Leser, streitsüchtig zu werden und die Auseinandersetzung zu suchen. Da Klüger anders als beim

---

141 Wie wir schon im Kapitel 1.3 dieser Arbeit gesehen haben.
142 Ruth Klüger: *Still Alive. A Holocaust Girlhood Remembered*. New York: The Feminist Press 2001. Im Folgenden wird dieses Werk unter der Sigle StA zitiert.
143 Vgl. UV, S. 165 und StA, S. 210: „What you have been reading is neither a translation nor a new book: it's another version, a parallel book, if you will, for my children and my American students. […] I have written this book twice". Für eine Analyse der Unterschiede zwischen beiden Texte vgl. folgende Literatur: Maria Lassmann: „Ruth Klügers Autobiographien *weiter leben*, *Still Alive* und *unterwegs verloren*". In: *Gedächtnis und Widerstand. Festschrift für Irene Heidelberger-Leonard*. Hrsg. von Mirelle Tabah. Tübingen: Stauffenburg-Verl. 2009, S. 187–201; Eva Lezzi: „Ruth Klüger. Literarische Authentizität durch Reflexion".

deutschen Publikum bei den amerikanischen Rezipienten keine Notwendigkeit sieht, die Leser zur Auseinandersetzung mit der Shoah herauszufordern, treten die dialogische Haltung sowie die deutsch-jüdische Vergangenheitsbewältigung in *Still Alive* in den Hintergrund. Schließlich ist auch die veränderte Widmung ein Hinweis auf das sich veränderte Zielpublikum: „In memory of my mother Alma Hirschel 1903–2000".

2.2. Die Mauer des Schweigens: die Ablehnung der Auseinandersetzung

Der Dialog dient aber nicht nur der Herstellung einer vernunftbasierten Verbindung zwischen Autor und Leser, die wiederum zu einer kritischen Auseinandersetzung mit der Shoah führen kann, sondern prägt auf einer weiteren Ebene auch die Haltung Levis und Klügers der Gesellschaft gegenüber. Insbesondere bedienen sich beide Autoren des Dialogs, um bestimmte Haltungen der Shoah gegenüber zu bekämpfen. Aus chronologischer Sicht ist die erste öffentliche Haltung der Shoah gegenüber die der Ablehnung. In den Nachkriegsjahren wollen alle an einen neuen Anfang denken und sich nicht mit der traumatischen Vergangenheit beschäftigen. Die Überlebenden wie Primo Levi, die über die Shoah Zeugnis ablegen möchten, finden sich daher vor einer Mauer des Schweigens, des Nicht-Hören-Wollens und der Gleichgültigkeit wieder. Hinzu kommt auch ein weit verbreiteter Unglaube gegenüber dem Ausmaß der nationalsozialistischen Verbrechen. Levis Erlebnisse (und die der anderen Überlebenden) im KZ sind nämlich sehr weit entfernt vom „normalen" Leben, sodass sie wenig glaubwürdig erscheinen. Dessen waren sich auch die Nationalsozialisten bewusst und sie verspotteten zynisch die Häftlinge. Auch wenn jemand von den Häftlingen überleben sollte, so die SS, würde ihm die Welt nicht glauben, mit der Begründung, dass die Sachen, die er erzählt, zu schrecklich seien, um wahr zu sein.[144] Der Angst davor, zu erzählen und wegen der Brutalität des Erzählten bei den Zuhörern keinen Glauben zu finden, wird in der Tat auch von den Häftlingen empfunden,

---

144 Vgl. SoSa, S. 3.

zusammen mit dem Drang, Zeugnis abzulegen. Diese Angst nimmt im Lager die Form eines Albtraums an, der vielen Häftlingen gemeinsam war: der Albtraum, aus dem Lager nach Hause zurückzukehren, Verwandten und Freunden die eigenen Erlebnisse zu erzählen und nicht gehört zu werden. Levi erzählt davon in *Se questo è un uomo*:

> Qui c'è mia sorella, e qualche mio amico non precisato, e molta altra gente. Tutti mi stanno ascoltando [...]. È un godimento intenso, fisico, inesprimibile, essere nella mia casa, fra persone amiche, e avere tante cose da raccontare: ma non posso non accorgermi che i miei ascoltatori non mi seguono. Anzi, essi sono del tutto indifferenti: parlano confusamente d'altro fra di loro, come se io non ci fossi. Mia sorella mi guarda, si alza e se ne va senza fare parola.
> Allora nasce in me una pena desolata [...] è dolore allo stato puro [...]. (SQ, S. 74f)[145]

Als er 1945 nach Turin zurückkommt, stellt Levi fest, dass der Albtraum, nicht gehört zu werden, sich (teilweise) als wahr erweist. Die Verwandten, Freunde und Bekannte, denen er seine Erfahrungen erzählt, hören ihm mit Freundlichkeit und Geduld zu. Als er aber durch die Veröffentlichung seiner Erinnerungen sein Publikum zu erweitern versucht, stößt er auf Hindernisse, die unüberwindbar zu sein scheinen.

Die beiden Verlage, an die er das Manuskript schickt, lehnen es ab, weil es nicht in deren Programm passe;[146] es wird schließlich von einem kleinen Verlag, dem De Silva in Turin, veröffentlicht, findet aber keine Resonanz auf

---

145 „Meine Schwester, einige nicht genau erkennbare Freunde von mir und viele andere Menschen sind da. Sie hören mir alle zu [...]. Ein intensives, körperliches, unbeschreibliches Wonnegefühl ist es, in meinem Zuhause und mitten befreundeten Menschen zu sein und über so vieles berichten zu können. Und doch, es ist nicht zu übersehen, meine Zuhörer folgen mir nicht, ja sie sind überhaupt nicht bei der Sache: sie unterhalten sich undeutlich über andere Dinge, als sei ich gar nicht vorhanden. Meine Schwester schaut mich an, steht auf und geht, ohne ein Wort zu sagen. Da erhebt sich in mir eine verzweifelte Pein [...] Schmerz in seinem reinen Zustand" (IM, S. 58).

146 Es ist bemerkenswert, dass *Se questo è un uomo* und *weiter leben* (zwei der meistgelesenen Texte über die Shoah) mehr oder weniger dem gleichen schwierigen Weg zur Veröffentlichung gefolgt sind: Beide wurden zuerst von einem großen Verlag abgelehnt und dann von einem kleineren veröffentlicht.

nationaler Ebene und wird fast ausschließlich vom Turiner Intellektuellenkreis gelesen.

Das große Publikum bleibt dem Buch gegenüber gleichgültig: Es ist eine bewusste Gleichgültigkeit, die die Haltung (nicht nur) der italienischen Gesellschaft in der Nachkriegszeit widerspiegelt. Die Leute wissen nicht, was in den KZs geschehen ist, weil sie es nicht wissen wollen:

> [S]olo chi non voleva vedere non avrebbe visto: le testimonianze erano tanto abbondanti ed eloquenti che ogni uomo pensante avrebbe dovuto rendersi conto che quello che fu chiamato l'universo concentrazionario, nella Germania nazista e nei paesi occupati e alleati, non era affatto un fenomeno marginale e accessorio, ma l'essenza stessa del fascismo, il suo coronamento, la sua realizzazione ultima e definitiva.[147]

Levi gibt jedoch nicht auf und schlägt sein Buch für eine neue, größere Veröffentlichung vor (Einaudi nimmt es schließlich 1955 in sein Programm auf und veröffentlicht es drei Jahre später), hält zahlreiche Vorträge und versucht, das öffentliche Bewusstsein aufzurütteln, zum Beispiel durch Artikel in Zeitungen und Zeitschriften. Einer seiner bedeutendsten Artikel ist *Deportati. Anniversario*, veröffentlicht im April 1955 in der Zeitschrift *Torino*. In diesem Artikel schildert Levi schon beginnend mit dem ersten Satz die aktuelle Lage der öffentlichen Beschäftigung mit der Shoah in Italien und spricht vom Kummer der Überlebenden darüber:

> A dieci anni dalla liberazione dei Lager, è triste e significativo dover constatare che, almeno in Italia, l'argomento dei campi di sterminio, lungi dall'essere diventato storia, si avvia alla più completa dimenticanza.[148]

---

147 Primo Levi: „Un passato che credevamo non dovesse tornare mai più". In: *Corriere della sera* 08.05.1974. Jetzt in: Primo Levi: *L'asimmetria e la vita*, S. 47–50, hier S. 47f. „Nur wer nicht sehen wollte, würde es nicht sehen: Die Zeugnisse waren so zahlreich und aussagekräftig, dass jeder denkende Mensch sich dessen hätte bewusst werden müssen, dass das sogenannte *univers concentrationnaire* im nationalsozialistischen Deutschland und in den besetzten und alliierten Ländern kein nebensächliches Randphänomen war, sondern das Wesen des Faschismus selbst, seine Krönung, seine endgültige und höchste Realisierung". Dt. Übersetzung von mir.
148 Primo Levi: „Deportati. Anniversario". In: *Torino*, Nr.4, April 1955, S. 53–54. Jetzt in: Primo Levi: *L'asimmetria e la vita*, S. 5–7, hier S. 5. „Zehn Jahre nach der Befreiung

Obwohl es um "la più gigantesca strage della storia"[149] handele, klagt Levi, herrsche in Italien Schweigen. Vom Lager zu sprechen sei sogar „taktlos": „Si rischia di essere accusati di vittimismo, o di amore gratuito per il macabro, nella migliore delle ipotesi; nella peggiore, di mendacio puro e semplice, o magari di oltraggio al pudore"[150]. Man solle sich aber nicht entmutigen lassen, denn

> [N]on è lecito dimenticare, non è lecito tacere. Se noi taceremo, chi parlerà? Non certo i colpevoli e i loro complici. Se mancherà la nostra testimonianza, in un futuro non lontano le gesta della bestialità nazista, per la loro stessa enormità, potranno essere relegate fra le leggende.[151]

Nach diesem Appell zum Dialog analysiert Levi das Schweigen der italienischen Gesellschaft und dessen Facetten. Es gibt zum einen das Schweigen derjenigen, die ein schlechtes Gewissen haben: Das ist "naturale, e in fondo non ci è sgradito. Le loro parole non ci servono a nulla, non attendiamo da loro risibili tentativi di giustificazione"[152]. Aber es gibt auch das Schweigen der Gesellschaft, der Überlebenden selbst: Es ist ein Schweigen, das von dem Bedürfnis und Willen, sich der Zukunft zu widmen, bestimmt ist, aber auch vom tiefen Bewusstsein (und der daraus entstehenden Scham), dass

---

    der Lager ist es traurig und vielsagend, dass wir feststellen müssen, dass, zumindestens was Italien betrifft, das Thema der Vernichtungslager weit davon entfernt ist, Geschichte zu werden, im Gegenteil, es ist auf dem Weg zum kompletten Vergessen." Dt. Übersetzung von mir.
149 Ebenda. „Das größte Massaker in der Geschichte". Dt. Übersetzung von mir.
150 Ebenda. „man geht das Risiko ein, im besten Fall der Neigung zu Selbstmitleid oder grundloser Liebe für das Makabre, im schlimmsten Fall der Lüge oder sogar der Erregung öffentlichen Ärgernisses beschuldigt zu werden." Dt. Übersetzung von mir.
151 Ebenda, S. 5f. „Man darf nicht vergessen, man darf nicht verstummen. Wenn wir schweigen, wer wird reden? Sicherlich nicht die Täter und ihre Komplizen. Wenn unser Zeugnis fehlen sollte, könnten die Untaten der nationalsozialistischen Bestialität in einer nicht fernen Zukunft gerade wegen ihrer Abscheulichkeit unter die Legenden verbannt werden." Dt. Übersetzung von mir.
152 Ebenda, S. 6. „natürlich, und eigentlich ist es uns nicht unwillkommen. Ihre Wörter brauchen wir nicht, wir erwarten von ihnen keine lächerlichen Versuche einer Rechtfertigung." Dt. Übersetzung von mir.

andere Menschen, und nicht Monster, die Verbrechen der Shoah erdacht und durchgeführt haben:

> Vive in noi una istanza più profonda, più degna, che in molte circostanze ci consiglia di tacere sui Lager, o quanto meno di attenuarne, di censurarne le immagini, ancora così vive nella nostra memoria.
> È vergogna. Siamo uomini, apparteniamo alla stessa famiglia umana a cui appartennero i nostri carnefici. Davanti all'enormità della loro colpa, ci sentiamo anche noi cittadini di Sodoma e Gomorra; non riusciamo a sentirci estranei all'accusa che un giudice extraterrestre, sulla scorta della nostra stessa testimonianza, eleverebbe contro l'umanità intera.[153]

Um das Vergessenwerden, das die Shoah bedroht, zu unterbinden, unterstützt Levi auch Gedenkstätten, die von Klüger hingegen stark kritisiert werden. Er sagt zum Beispiel bezüglich der Gedenkstätte in Auschwitz:

> È perciò bene, è importante, che in questa nostra epoca di facili entusiasmi e di stanchezza profonda sorga in Auschwitz un monumento: e deve essere un'opera insieme nuova e perenne, che possa parlare oggi e domani e fra secoli, con linguaggio chiaro, a chiunque lo visiti. [...] deve essere un monumento-ammonimento che l'umanità dedica a se stessa, perché porti testimonianza, perché ripeta un messaggio non nuovo nella storia, ma troppo spesso dimenticato: che l'uomo è, deve essere, sacro all'uomo, dovunque e sempre.[154]

---

153 Ebenda. „Es lebt in uns ein tieferes, wertvolleres Bedürfnis, was uns oft in vielen Situationen dazu bringt, über die KZs zu schweigen, oder mindestens deren Bilder, die noch so lebendig in unserer Erinnerung sind, zu mildern, zu zensieren. Es ist Scham. Wir sind Menschen, wir gehören zum selben Menschengeschlecht wie unsere Henker. Im Angesicht der Ausmaße ihrer Schuld fühlen wir uns selbst wie die Bewohner von Sodom und Gomorra: Wir können uns nicht dazu bringen, uns der Anklage gegenüber fremd zu fühlen, die ein außerirdischer Richter, aufbauend auf unseren Zeugnis gegen die Menschheit, erheben würde." Dt. Übersetzung von mir.

154 Primo Levi: „Monumento ad Auschwitz", S. 11. „Es ist daher eine gute Sache, es ist wichtig, dass in dieser Epoche leichter Begeisterung und tiefer Müdigkeit ein Denkmal in Auschwitz entsteht. Und es soll ein Werk sein, das gleichzeitig neu und ewig ist, das zu allen Leuten, die es besichtigen, heute und morgen und in den nächsten Jahrhunderten, mit deutlicher Sprache sprechen kann. [...] es soll ein Mahnmal sein, das die Menschheit sich selbst widmet, damit es Zeugnis ablegt, damit es eine

Sowohl Levi als auch Klüger müssen gegen die Ablehnung des Dialogs kämpfen. Es handelt sich dabei jedoch um zwei unterschiedlich ablehnende Haltungen, die durch den Zeitpunkt der Veröffentlichung von Levis und Klügers Werken bedingt sind. Bei Levi liegt das Problem in der Ablehnung jeglicher Beschäftigung mit der Shoah auf Seiten der Gesellschaft, die sich der Zukunft widmen möchte. Klüger kämpft vielmehr gegen eine andere Art der Ablehnung eines nüchternen Dialogs, nämlich die vereinfachende Sentimentalisierung und Trivialisierung der Shoah. Sie analysiert jedoch in ihren Werken auch die erste öffentliche Haltung der Shoah gegenüber, die die Nachkriegsjahre charakterisiert. Sie erzählt von der Ablehnung, die ihr begegnet ist, als sie ihre Erfahrungen zu erzählen versucht:

> Ich hab damals immer gedacht, ich würde nach dem Krieg etwas Interessantes und Wichtiges zu erzählen haben. Aber die Leute wollten es nicht hören, oder nur in einer gewisser Pose, Attitüde, nicht als Gesprächspartner, sondern als solche, die sich einer unangenehmem Aufgabe unterziehen, in einer Art Ehrfurcht, die leicht in Ekel umschlägt, zwei Empfindungen, die sich sowieso ergänzen. Denn die Objekte der Ehrfurcht, wie die des Ekels, hält man sich vom Leib. (WL, S. 112)

Was das Mädchen persönlich empfand, versucht die Literaturwissenschaftlerin vierzig Jahre später zu analysieren:

> Die Überlebenden erinnerten durch ihr bloßes Dasein an das Vergangene und Begangene. Vielleicht fürchtete man, die Mißhandelten könnten sich rächen, oder man dachte, wir seien wie die geschlagenen, und daher bissigen Hunde, fürs Zusammensein mit Menschen untauglich geworden. Wer draußen in der Freiheit gewesen war, glaubte leicht und ohne sich viel Rechenschaft darüber zu geben, nur Kriminelle hätten die KZs überlebt; oder diejenigen, die dort kriminalisiert worden seien. Was wiederum im Widerspruch stand zu der hartnäckigen und ebenfalls weit verbreiteten Überzeugung, die KZs seien nicht so schlimm gewesen, dafür seien wir, die sie überstanden hatten, der beste Beweis.
> Ehre den Toten, den Lebenden eher Mißtrauen. (WL, S. 196)

Nachricht wiederholt, die zwar nicht neu in der Geschichte ist, aber zu oft vergessen: dass der Mensch dem Menschen immer und allerorts heilig ist und sein soll" Dt. Übersetzung von mir.

Die Ablehnung einer Beschäftigung mit der Shoah charakterisierte damals alle: Täter, Zuschauer, aber auch Opfer. Denn alle wollten dieses Kapitel der Geschichte schließen und zu einem Neuanfang übergehen:

> Wenn man nicht hinschauen wollte, so war es, weil man etwas anderes machen wollte, man wollte weiterleben, genau das. Auch Juden wollten nicht unentwegt hinschauen, es gab ja noch eine andere Welt, die man endlich besichtigen und sogar genießen wollte, nicht nur die, in der man fast krepiert war.[155]

Damals war das heutige Problem der Unvorstellbarkeit der Shoah genau umgekehrt: „Das Vergangene war nur allzu vorstellbar, darum war es bedrückend"[156]. Erst Jahrzehnte später, als die Shoah ein Massenphänomen wurde, begann man von der Unsagbarkeit und Unvorstellbarkeit der Shoah zu sprechen, die Klüger als „Kitsch-Aura" definiert. Und tatsächlich ist nach Klüger die Trivialisierung die größte Gefahr, die dem Umgang mit der Shoah heutzutage droht, wie im nächsten Kapitel deutlich wird.

2.3. Das „Shoah-Business": Trivialisierung und KZ-Kitsch

Mit der Zeit verändert sich in Europa und in Amerika die Haltung der Shoah gegenüber: Während in der Nachkriegszeit das Problem im Schweigen und in der Gleichgültigkeit der potentiellen Gesprächspartner bestand, ist die öffentliche Haltung (und deren Problematik) in den Neunziger Jahren, als Klügers Memoiren und ihre ersten Aufsätze über die Shoah veröffentlicht werden, ganz unterschiedlich. Die Shoah hat nun eine wichtigere Rolle im Bewusstsein der westlichen Gesellschaft eingenommen, sowohl in Europa als auch in den USA und in Israel, der Umgang damit ist aber nicht weniger problematisch: Die Opfer werden hochstilisiert, die Zeugen gelten als stellvertretende Märtyrer und werden fast ausschließlich als „Rohmaterial" betrachtet, als „lebende

---

155 Ruth Klüger: „Missbrauch der Erinnerung: KZ-Kitsch". In: Ruth Klüger: *Von hoher und niedriger Literatur*. Göttingen: Wallstein 1996. Jetzt in: Ruth Klüger, *Gelesene Wirklichkeit*, S. 52–67, hier S. 55.
156 Ebenda.

Dokumente, die andere lesen und deuten müssen"¹⁵⁷. Eine Trivialisierung charakterisiert das Ganze, und das, was ausgeschlossen wird, ist eine reflektierte Auseinandersetzung mit der Shoah. Auch wenn man nun vermehrt über die Shoah spricht, ist man von einer echten Auseinandersetzung entfernt, da die Beschäftigung mit der Shoah oft nur innerhalb von sentimentalen Topoi erfolgt: „Es entsteht eine Art von Zuhören, die sich völlig deckt mit ihrem Gegenteil, dem Nicht-Zuhören-Wollen"¹⁵⁸.

Die Entwicklung der öffentlichen Einstellung gegenüber dem Shoah, ausgehend vom Schweigen und hin zu einer zentralen gesellschaftlichen Auseinandersetzung, ist von mehreren Etappen geprägt. Als erste gilt der Eichmann-Prozess (1961), wo sich die Mordanklage zum ersten Mal auf die Ermordung von Juden bezieht und nicht, wie noch in den Nürnberger Prozessen, von generelleren „Verbrechen gegen die Menschheit" die Rede ist. Dann spielt auch der Sechstagekrieg (1967) eine entscheidende Rolle in der gesteigerten Präsenz der Shoah im Bewusstsein der israelischen, europäischen und amerikanischen Gesellschaft und insbesondere innerhalb der jüdischen Gemeinschaft. Mit Beginn der siebziger Jahre erlebt die Shoah ihren Eintritt in die alltägliche Kultur durch die steigende Anzahl von Büchern, Filmen und Museen über die Shoah. Am einflussreichsten ist die TV-Serie *Holocaust*¹⁵⁹, die 1978 ein Publikum von etwa 120 Millionen Amerikanern hat. Im nachfolgenden Jahr wird sie in der Bundesrepublik Deutschland gezeigt, wo sie 14 Millionen Zuschauer erreicht und „pratically introduce[s] the Holocaust into the public discourse of modern Germany"¹⁶⁰.

Das gesteigerte Interesse für die Shoah scheint jedoch einen eher quantitativen als qualitativen Ausdruck zu haben. Dies führt aus vielerlei Richtung zu dem Vorwurf, dass aus der Shoah-Literatur eine Industrie

---

157 Ebenda, S. 59.
158 Ebenda.
159 *Holocaust.* USA 1978. Regie: Marvin Chomsky, Drehbuch: Gerald Green.
160 Ilan Avisar, zitiert nach: Tim Cole: „'The Holocaust Industry'?: Reflections on a History of the Critique of Holocaust Representation". In: *Contemporary Responses to the Holocaust.* Hrsg. von Konrad Kwiet und Jurgen Matthäus. Westport, Conn.: Praeger 2004, S. 37–57, hier S. 45.

entstanden sei, die die Vergangenheit zum eigenen ideologischen und finanziellen Vorteil ausbeute.[161] Die wachsende „Gemeinde von Shoah-Beflissenen" gibt in den 70er Jahren sogar Anstoß zu dem bissigen Wortspiel „There is no business like Shoah business"[162]. Auch wenn es nicht zu solchen extremen Positionen kommt, sind doch viele Überlebende und Autoren der Shoah-Literatur der Meinung, man solle nicht jedes kulturelle Produkt die Shoah betreffend als positiv akzeptieren, nur weil es die Vergangenheit bekannt macht.[163] Unter ihnen befindet sich auch Ruth Klüger. Sie analysiert die Gefahren einer derartigen Beschäftigung mit der Shoah und legt insbesondere Augenmerke auf die Trivialisierung der Shoah, die zu einem Missbrauch der Erinnerung führe, den sie „KZ-Kitsch" nennt. Es ist zwar wahr, dass der Holocaust, wie jedes Ereignis, Deutungen braucht, und dass er daher einem Prozess der Ästhetisierung unterzogen wird, aber es gibt zwei verschiedene Arten des Ästhetisierens:

> Die eine ist Wahrheitssuche durch Phantasie und Einfühlung, also Interpretation des Geschehens, die zum Nachdenken reizt, die andere, die Verkitschung, ist eine problemvermeidende Anbiederung an die vermeintliche Beschränktheit des Publikums.[164]

Es werden Wörter wie ‚unvorstellbar', ‚unsagbar', usw. verwendet, um eine Auseinandersetzung zu vermeiden. Es seien „Kitschwörter, sentimentale Flucht vor der Realität", die einer „Pseudovergangenheitsbewältigung" dienen, d.h. einer Reaktion, „der es nicht um die Betroffenen gehe, sondern um die Selbstbespiegelung, um das Vergnügen, die eigene Sensibilität auszukosten"[165]. Diese Sentimentalität, die Klüger als „verlogene Selbstbespiegelung der eigenen Gefühle"[166] definiert, präge allzu oft die öffentliche Beschäftigung mit der Shoah.

---

161 Vgl. u.a. Norman Finkelstein: *The Holocaust Industry: Reflections on the Exploitation of Jewish suffering*, London: Verso 2000.
162 Ruth Klüger: „Missbrauch der Erinnerung", S. 58.
163 Vgl. Tim Cole: „‚The Holocaust Industry'?", S. 38.
164 Ruth Klüger: „Missbrauch der Erinnerung", S. 61.
165 Ebenda, S. 55.
166 Ebenda, S. 60.

Gleich nach dem Krieg erhält Klüger einen Vorgeschmack dieser Sentimentalität, was möglicherweise dazu beiträgt, dass sie sich erst vierzig Jahre später entscheidet, Zeugnis abzulegen. 1945 schickt Klüger ihr Gedicht „Der Kamin" an eine bayerische Zeitung. Es wird zwar veröffentlicht, aber nur ein kleiner, aus dem Zusammenhang gelöster Teil davon, „eingebettet in einen weinerlichen, händeringenden Text, Mitleid heischend vom kinderliebenden Publikum" (WL, S. 200). Klüger, die sich im Brief an die Zeitung als junge Lyrikerin vorstellt, die im KZ gewesen ist, wird als kleines Mädchen aus dem KZ dargestellt, das Verse geschrieben hat. Sie ist sehr enttäuscht und kommentiert die Episode in *weiter leben* im Gespräch mit den Journalisten folgendermaßen: „Da sag ich etwa: ihr redet über mein Leben, aber ihr redet über mich hinweg, ihr macht so, als meintet ihr mich, doch meint ihr eben nichts als das eigene Gefühl" (WL, S. 201).

Die Sentimentalität vergiftet aber nicht nur die Haltung der Shoah gegenüber, sie kann sogar für das Überleben der ehemaligen Häftlinge gefährlich sein. Klüger bemüht sich, das den Lesern von *weiter leben* klar zu machen:

> [...] [I]ch hörte von Menschen, die nach der Befreiung aus den KZs starben [...] weil man den Verhungernden schweres, sättigendes und daher für sie unverdauliches Zeug zu essen gegeben hatte, aus plan- und gedankenloser Sentimentalität. Man hat über die eigentlichen Opfer oft hinweggesehen und sich mit einer Entrüstung begnügt, die durchs Photographieren zu befriedigen war. (WL, S. 193)

Ein anderer Bereich der heutigen Beschäftigung mit der Shoah, in dem die Sentimentalität ständig auftaucht, ist nach Klüger die mit dem Holocaust verbundene Museumskultur.

Während Levi den Gedenkstätten eine wichtige Funktion der Erinnerung und der Mahnung an die Menschheit zuerkennt, damit die Shoah sich nie wiederhole (eine entscheidende Rolle spielt dabei auch das größere Bedürfnis nach Information und Erinnerung zur Zeit Levis), erscheint Klüger hingegen viel skeptischer. Sie hält die Erinnerung an die Shoah durch Museen und Gedenkstätten für problematisch. Obwohl die dort ausgehängten Bilder, die Plakate mit Daten und Fakten und die Dokumentarfilme zweifellos hilfreich sein können, seien jedoch die Orte, die heute besichtigt werden, nicht dieselben, an denen die Opfer der Shoah gelitten haben. Denn „heute verschweigen sie oft ebensoviel, wie sie vermitteln" (WL, S. 78). Es fehle nämlich „die Ausdünstung menschlicher Körper, der Geruch und die Ausstrahlung von Angst, die geballte Aggressivität, das reduzierte Leben" (WL, S. 77). So sauber und ordentlich, wie es heutzutage vorzufinden ist, erinnere das Lager eher an ein „Ferienlager als [an] gefoltertes Leben" (WL, S. 77), es könne also kaum wiedergeben, was damals passierte, denn es drücke nicht mehr die totale Alterität der Lagerwelt aus:

> [W]ie alle Überlebenden weiß ich, daß Auschwitz, als die Nazis dort ihr Handwerk trieben, wie ein Mondkrater war, ein Ort, der nur zufällig und am Rande ein Nachbar von gewöhnlichen Menschenbehausungen war. Es ist dieses radikal Andersartige, diese Alterität, wie man wissenschaftlich verfremdend gerne sagt, die wir so schwer ausdrücken können. Doch als das Töten vorbei war, wurden die Lager wieder ein Stück unserer bewohnten Welt.[167]

Um vermitteln zu können, was das Lager war, genügen Ortschaften nicht: Man bräuchte den Begriff „Zeitschaft", ein „Ort in der Zeit, die nicht mehr ist"[168] (WL, S. 79). Da es „unsinnig [ist], die Lager räumlich so darstellen zu wollen, wie sie damals waren", besteht die Gefahr, dass die Gedenkstätten und die Museen des Holocaust nur noch zur Sentimentalität führen:

> Ich meine, verleiten diese renovierten Überbleibsel alter Schrecken nicht zur Sentimentalität, das heißt, führen sie nicht weg von dem Gegenstand, auf den sie die Aufmerksamkeit nur scheinbar gelenkt haben, und hin zur Selbstspiegelung der Gefühle? (WL, S. 76)

Der Besuch sei nur dann sinnvoll, wenn man diese Gedenkstätten auch rational besuche, nicht nur emotional, und seinen eigenen Beitrag bzw. seine Reflexion bereits mitbringe, um sie dann vor dem Ort, wo die Shoah stattfand, zu prüfen. Diese Haltung erkennt Klüger in Peter Weiss:

---

167 Ruth Klüger: „Lanzmanns *Shoah* in New York". In: Ruth Klüger, *Gelesene Wirklichkeit*, S. 9–28, hier S. 11.
168 Aus diesem von Klüger erfundenen Begriff entstehen übrigens die Stationen (Wien, die Lager, Deutschland, New York, Göttingen) in die *weiter leben* unterteilt ist (vgl. WL, S. 79).

Gewiß, es zieht auch welche, die ohne Touristenneugier oder Sensationslust kommen, zu den alten Lagern, aber wer dort etwas zu finden meint, hat es wohl schon im Gepäck mitgebracht. So einer war Peter Weiss, als er einen Aufsatz schrieb, in dem er, nach einem Besuch in Auschwitz, das Lager als „seine Ortschaft" bezeichnet, weil er als Jude verurteilt war, dort zu sterben. […] [E]r sah das, was er mitgebracht hatte, in der neuen Konstellation des Ortes, die da heißt Gedenkstätte und Besucher, und was könnte weiter entfernt sein von der Konstellation Gefängnis und Häftling? (WL, S. 75)

Sogar Levi, der doch die Bedeutung der Gedenkstätten erkennt, betont das Bedürfnis einer persönlichen, kritischen Auseinandersetzung mit dem Holocaust:

Sono disposto a tollerare una certa quantità di retorica, è indispensabile per vivere. Abbiamo bisogno di monumenti, di celebrazioni: e monumento, nella sua etimologia, vuol dire ammonimento. Però occorre un controcanto, un commento in prosa ai voli della retorica […][169]

Levi und Klüger wollen also durch den dialogischen Ansatz eine mitdenkende und kritisch reflektierende Haltung gegenüber der Shoah beim Leser erzielen. Um dies zu erreichen, müssen sie nicht nur die Leser zur aktiven Teilnahme bewegen, sondern auch deren weit verbreitete Tendenz zur extremen Vereinfachung unterbinden, die ihnen einen Ausweg aus der persönlichen Auseinandersetzung bietet:

[M]an [möchte] die Lager möglichst einheitlich und unter den großen Schildern der berühmt gewordenen KZs haben […]. Das ist wenig strapaziös für Geist und Gefühl, als sich mit Differenzierungen auseinanderzusetzen. (WL, S. 82)

Diese Tendenz gehört zum menschlichen Geist, denn

---

[169] Primo Levi in: Giorgio Calcagno: „Capire non è perdonare", S. 143. „Ich bin bereit, eine gewisse Quantität von Rhetorik zu tolerieren, sie ist zum Leben unerläßlich. Wir brauchen Monumente, Feiern: und Monument bedeutet etymologisch Mahnung. Doch es bedarf auch eines Gegengesangs, eines gegen die Höhenflüge der Rhetorik gesetzten Kommentars in Prosa […]" Primo Levi in: Giorgio Calcagno, „Primo Levi: Verstehen heißt nicht verzeihen", S. 131.

> Ciò che comunemente intendiamo per 'comprendere' coincide con 'semplificare': senza una profonda semplificazione, il mondo intorno a noi sarebbe un groviglio infinito e indefinito, che sfiderebbe la nostra capacità di orientarci e di decidere le nostre azioni. (SoSa, S. 24)[170]

Obwohl die menschliche Tendenz zur Vereinfachung durchaus verständlich und vertretbar ist, ist es für die Vereinfachung selbst nicht immer so.[171] Levi denkt dabei insbesondere an die manichäische Polarisierung der Schuld, die die Protagonisten der Shoah in die zwei gut getrennten Kategorien der (dämonisierten) Täter und der (hochstilisierten) Opfer trennen möchte, und die einen der Gründe bildet, die ihn zum Schreiben von *I sommersi e i salvati* motiviert:

> Uno dei motivi [...] che mi ha spinto ha scrivere, è una specie di semplificazione estrema da parte dei miei lettori giovani soprattutto, che leggendo *Se questo è un uomo* pensano a un'umanità spaccata in due. Ci sono gli aguzzini, che sono dei mostri, e ci sono le vittime, che sono degli innocenti. [...] Non siamo tutti uguali, abbiamo livelli di colpa diversi. Però siamo fatti della stessa stoffa.[172]

Er widmet dieser Tendenz zur manichäischen Unterscheidung zwischen Guten und Bösen ein ganzes Kapitel von *I sommersi e i salvati*, das er *La zona grigia* (*Die Grauzone*) betitelt. Damit will er die Zone bezeichnen, wo sich die Menschen befinden, die nicht Täter und nicht (nur) Opfer waren, also Opfer, die für den eigenen Vorteil mit den Tätern kollaboriert haben. Zugleich lenkt die Wahl

---

170 „Wenn wir ‚verstehen' sagen, meinen wir damit im Allgemeinen ‚vereinfachen': ohne tiefgreifende Vereinfachung wäre die uns umgebende Welt ein unendliches, undefiniertes Durcheinander, das unserer Orientierungs- und Handlungsfähigkeit hohnsprechen würde" (UG, S. 33).
171 Vgl. SoSa, S. 25.
172 Primo Levi in: Milva Spadi: *Capire e far capire*, Westdeutscher Rundfunk, September 1986. Jetzt in Primo Levi: *Conversazioni e interviste 1963–1987*, S. 242–259, hier S. 247. „Einer der Gründe [...], der mich zum Schreiben geführt hat, ist eine Art extreme Vereinfachung insbesondere seitens meiner jungen Leser, die beim Lesen von *Se questo è un uomo* an eine in zwei Parteien gespaltete Menschheit denken. Es gibt die Täter, die Monster sind, und es gibt die Opfer, die unschuldig sind. [...] Wir sind nicht alle gleich, wir tragen verschiedene Abstufungen von Schuld. Wir sind aber aus demselben Holz geschnitzt." Dt. Übersetzung von mir.

dieses Titels die Aufmerksamkeit auch auf die Komplexität des Phänomens Shoah, die sich nicht auf eine Schwarz-Weiß-Welt reduzieren lässt.

Auch Klüger bemüht sich darum, die Komplexität der Shoah zu betonen. Sie thematisiert und kritisiert die Haltung der jungen Deutschen, die in Auschwitz im Rahmen ihres Zivildienstes die Zäune weiß anstreichen, denn sie weigern sich, den Antisemitismus der Polen zuzugeben: „Das geschundene Volk muß gut gewesen sein, wo kämen wir sonst hin mit dem Kontrast von Tätern und Opfern?" (WL, S. 71) Zur Schilderung der Komplexität der Shoah gehört auch die Beschreibung von Klügers Cousin Hans in seiner Kleinbürgerlichkeit, den sie nicht hochstilisiert, nur weil er als Junge in Buchenwald gefoltert wurde, und ihre Ablehnung des verbreiteten Vorurteils, im KZ seien die Familienverbände fester geworden. Klüger verzichtet ebensowenig darauf, auch die dunkle Seite der gefeierten russischen Befreier ans Licht zu bringen:

> Ich hörte von jüdischen Frauen, die sich nur mit knapper Not vor den Vergewaltigungsversuchen ihrer russischen Befreier retteten, woraus sich unschwer schließen ließ, daß andere Frauen Pech hatten und am Ende ihrer KZ-Existenz auch dieses weitere Trauma erduldeten. (WL, S. 192)

Es ist dabei zu beachten, dass die Wiedergabe dieser Geschichten und Fakten nicht um eine Sensationslust zu befriedigen passiert, sondern um eine aktive und kritische Auseinandersetzung mit der Shoah zu fördern, damit diese zum einen nicht als legendär und zeitlich bzw. räumlich entfernt erscheint, und zum anderen um zu verhindern, dass sich so etwas eines Tages wiederholt. Um es mit Levis Worten zu sagen:

> Non è facile né gradevole scandagliare questo abisso di malvagità, eppure io penso che lo si debba fare, perché ciò che è stato possibile perpetrare ieri potrà esser nuovamente tentato domani, potrà coinvolgere noi stessi o i nostri figli. Si prova la tentazione di torcere il viso e distogliere la mente: è una tentazione a cui si deve resistere. (SoSa, S. 39)[173]

---

[173] „Es ist weder leicht noch angenehm, diesen Abgrund von Niedertracht auszuloten, aber dennoch bin ich der Meinung, daß man es tun muß; denn was gestern verübt werden konnte, könnte morgen noch einmal versucht werden und uns selber oder unsere Kinder betreffen. Man ist versucht, den Blick abzuwenden und die Gedanken

2.4. Die Verleugnung der Shoah: Revisionismus, Auschwitzlüge, Historikerstreit

Schon vor dem Ende des Zweiten Weltkrieges, und bis zum heutigen Tag hat es mehrere Versuche gegeben, den Mord an den europäischen Juden zu leugnen. Die Vertreter dieser Aussagen bedienen sich dabei verschiedener Versionen und Methoden.[174]

Am weitesten gehen die Vertreter der sogenannten „Auschwitzlüge" (Aus dem gleichnamigen, 1973 vom ehemaligen SS-Mann Thies Christophersen veröffentlichten Buch[175]): sie behaupten, der Mord an den Juden habe nie stattgefunden und sei nur eine zionistisch-kommunistische Erfindung zur Schädigung des Rufs Deutschlands gewesen. Die Beweise für das Geschehene, die es dank der zahlreichen authentischen Dokumente und bewiesenen Aussagen gibt, werden von diesen extremen Revisionisten ignoriert, bzw. als voreingenommen und daher nicht glaubwürdig zurückgewiesen. Sogar Aussagen von Nicht-Juden und Dokumente aus den besetzten Ländern werden als tendenziös und unter jüdischem Druck verfasst abqualifiziert.

Der eigentliche Revisionismus, der die Geschichte „revidieren" will, verleugnet die Shoah nicht komplett, sondern bezweifelt ihre Reichweite, ihren einzigartigen Charakter oder einzelne Aspekte der Judenvernichtung (die Zahl der Opfer, die Benutzung von Gaskammern usw.). Der ehemalige KZ-Häftling Rassinier, der schon 1950 die revisionistische Broschüre *Die Lüge des Odysseus*[176] veröffentlicht, behauptet zum Beispiel, die Darstellung der Shoah sei übertrieben und in dem Krieg seien zwischen einer halben und einer Millionen

---

in eine andere Richtung zu lenken, aber dieser Versuchung müssen wir widerstehen" (UG, S. 52).

174 Für eine ausführliche, wenn auch nicht ganz neutrale Einführung zur Verleugnung der Shoah, vgl. „Auschwitzlüge". Artikel in: Israel Gutman [u.a.]: *Enzyklopädie des Holocaust*. Berlin: Argon 1993. Für eine kürzere und ausgewogenere Darstellung vgl. Irene Heidelberger Leonard: *Ruth Klüger, weiter leben. Eine Jugend. Interpretation*. München: Oldenbourg 1996, S. 13–16.

175 Thies Christophersen: *Die Auschwitz-Lüge*. Möhrkirch: Kritik-Verlag 1973.

176 Paul Rassinier: *Die Lüge des Odysseus*. Wiesbaden: Priester 1959 (*Le mensonge d'Ulysse*, 1950).

Juden umgekommen, hauptsächlich durch die schweren Lebensbedingungen der Kriegszeit, an die die Juden sich zu gewöhnen nicht fähig gewesen seien.

Obwohl die zahlreichen Dokumente, die es über die Shoah gibt, den Thesen der Revisionisten widersprechen, sind diese für die Erinnerung der Shoah trotzdem gefährlich, denn aufgrund des erschreckenden Ausmaßes des Geschehenen stoßen sie insbesondere bei jenen, die die Shoah nicht erlebt haben, auf offene Ohren. Wie Levi in einem Artikel bemerkt, „per la sua stessa enormità, il genocidio spinge all'incredulità, alla rimozione e al rifiuto"[177].

Aus diesem Grund fühlt Levi das Bedürfnis, sich in den Dialog mit der Öffentlichkeit zu begeben, um diese vor den grundlosen, aber trotzdem gefährlichen Thesen zu warnen. Er tut das hauptsächlich durch zwei Artikel, die in zwei der wichtigsten Zeitungen Italiens im Januar 1979 erscheinen. In den Artikeln erläutert er dem Leser die revisionistischen Thesen von Darquier und Faurisson und legt deren Absurdität dar. Darquier de Pellepoix, ehemaliger Kommissar für jüdische Fragen im Vichy-Frankreich, streitet in einem Interview mit der französischen Zeitschrift *L'Express* unter anderem die Anzahl der Opfer und die Benutzung der Gaskammern in Auschwitz für die Tötung von Menschen ab (seinen Behauptungen zufolge wären diese nur zur Bekämpfung der Läuse benutzt worden). Der Literaturprofessor Robert Faurisson bezweifelt hingegen den Einsatz von Gas in Auschwitz überhaupt, aufgrund der Behauptung, es sei unmöglich, Zyklon B regelmäßig an einem Ort einzusetzen, wie es in Auschwitz der Fall war.

Levi, in seinem unermüdlichen Versuch zu verstehen, möchte herausfinden, was Darquier und Faurisson zu solchen revisionistischen Thesen veranlasst haben könnte. Er findet den möglichen Grund für Darquier in seinem Versuch, sich von der Schuld zu befreien. Da Faurrisson hingegen zu jung ist, um eine persönliche Verantwortung zu tragen, fragt Levi sich und den Leser, was ihn dazu gebracht haben könnte und deutet einen möglichen wiederaufkommenden Antisemitismus an. In einem der Artikel wendet sich Levi direkt an

---

[177] Primo Levi: „Un lager alle porte d'Italia". In: *La Stampa*, 19.01.1979. Jetzt in: Primo Levi: *L'asimmetria e la vita*, S. 75–80, hier S. 79f. „Gerade aufgrund seiner enormen Ausmaße führt der Völkermord zur Ungläubigkeit, zur Verdrängung und zur Ablehnung". Dt. Übersetzung von mir.

Faurisson und fordert ihn zum Dialog mit ihm und den anderen Überlebenden auf. Nach einem ersten Teil, in dem er empört, aber trotzdem ausgewogen, wie es für ihn typisch ist, Faurissons Thesen widerlegt, wendet sich Levi dem französischen Professor direkt zu und bedient sich auch hier auf formeller Ebene des Dialogs, um auf die Thesen von Faurisson zu antworten[178] und ihn zu einem echten Dialog mit den Überlebenden aufzufordern:

> No, professore, la via non è questa. I morti ci sono stati, anche donne, anche bambini; decine di migliaia in Italia e in Francia, milioni in Polonia e in Unione Sovietica: non è così facile togliersi di torno. Non occorre faticare molto per documentarsi, se lei veramente intende documentarsi. Interroghi i superstiti [...] Se lei nega la strage compiuta dai suoi amici di allora, deve spiegarci perché i diciassette milioni di ebrei del 1939 erano ridotti a undici nel 1945. Deve smentire centinaia di migliaia di vedove e di orfani. Deve smentire ciascuno di noi sopravvissuti. Venga, professore, a discutere con ognuno di noi: lo troverà più difficile che predicare ciance ai suoi allievi sprovveduti.[179]

Mit dem Revisionismus verbunden ist der sogenannte Historikerstreit, der 1986–1988 in Deutschland stattfindet und bei dem sich viele führende deutsche Historiker an einer Auseinandersetzung über „moralische Bedeutung, geschichtlichen Ort und historiographische Vergleichbarkeit"[180] der Shoah

---

178 Schon der Titel des Artikels ist eine Antwort auf Faurisson: „Ma noi c'eravamo" („Wir waren aber da").
179 Primo Levi: „Ma noi c'eravamo". In: *Corriere della Sera*, 03.01.1979. Jetzt in: Primo Levi: *L'asimmetria e la vita*, S. 73–74, hier S. 74. „Nein, Herr Professor, das ist nicht der Weg. Die Toten hat es gegeben, auch Frauen, auch Kinder; Zehntausende in Italien und Frankreich, Millionen in Polen und in der Sowjetunion: es ist nicht so einfach, sie aus dem Weg zu räumen. Man muss sich nicht allzu viel Mühe geben, um sich zu informieren, wenn Sie wirklich vorhaben, sich zu informieren. Befragen Sie die Überlebenden. [...] Wenn Sie das von Ihren damaligen Freunden begangene Massaker verleugnen, sollten Sie uns erklären, warum die siebzehn Millionen Juden aus dem Jahr 1939 bis zum Jahr 1945 auf elf Millionen gesunken sind. Sie müssten Hunderttausende Witwen und Waisen verleugnen. Sie müssten jeden von uns Überlebenden verleugnen. Kommen Sie, Herr Professor, und diskutieren Sie mit jedem von uns. Sie werden das schwieriger finden, als Ihren naiven Studenten Unsinn zu predigen." Dt. Übersetzung von mir.
180 Irene Heidelberger-Leonard: *Ruth Klüger, weiter leben*, S. 15.

beteiligen. Ausgelöst wird er durch die umstrittenen Vorstellungen Ernst Noltes, der meint, der Mord der Nationalsozialisten an den europäischen Juden unterscheide sich nicht (mit der Ausnahme der Benutzung von Gaskammern) von anderen Massenmorden, wie z.B. den Massakern Stalins, die Nolte sogar als Vorbild für Hitler sieht. Darauf antwortet Jürgen Habermas mit einem Artikel in *Die Zeit*, wo er behauptet, die historische Einzigartigkeit der Shoah lasse sich nicht relativieren, denn das würde auf eine Verharmlosung der NS-Verbrechen hinauslaufen. Auch der damalige Vorsitzende der Historikergesellschaft, Christian Meier, nimmt an der Diskussion teil und meint, in dieser Debatte ginge es weniger um die Erforschung des Zweiten Weltkriegs, sondern vielmehr um die Frage nach der kollektiven deutschen Geschichtserinnerung und hier bedeute Geschichtserinnerung für die Deutschen, „sich diesem Stück Vergangenheit als einem Stück eigener Geschichte aus[zu]setzen"[181].

Obwohl Levi die gesamte Entfaltung des Historikerstreits nicht mehr erleben konnte, bezieht er mehrmals Stellung zur Einzigartigkeit der Shoah, insbesondere in *I sommersi e i salvati*, und widmet einen seiner letzten Artikel dem Historikerstreit.[182] Im Vorwort zu *I sommersi e i salvati* erwähnt er mehrere Konflikte, Kriege und Massenmorde des 20. Jahrhunderts, darunter auch die Gulag und die Atombomben in Hiroshima und Nagasaki, und stellt fest, worin die Einzigartigkeit der Shoah diesen Massakern gegenüber liege. Trotz aller Kriege, die stattgefunden haben, bleibt

> [I]l sistema concentrazionario nazista [...] tuttavia un *unicum*, sia come mole sia come qualità. In nessun altro luogo e tempo si è assistito ad un fenomeno così imprevisto e così complesso: mai tante vite umane sono state spente in così breve tempo, e con una così lucida combinazione di ingegno tecnologico, di fanatismo e di crudeltà. (SoSa, S. 12)[183]

---

181 Christian Meier, zitiert nach: Heidelberger-Leonard: *Ruth Klüger, weiter leben*, S. 15.
182 Vgl. Primo Levi: „Buco nero di Auschwitz". In: *La Stampa*, 22.01.1987. Jetzt in: Primo Levi: *L'asimmetria e la vita*, S. 132–135.
183 „[...] das nationalsozialistische System der Konzentrationslager ein Unikum, sowohl von seinem Umfang her als auch von seiner Beschaffenheit. An keinem anderen Ort und zu keiner anderen Zeit hat man ein derart unerwartetes und derart komplexes Phänomen beobachtet: niemals sind so viele Menschenleben in so kurzer Zeit mit

Besonders auf den Vergleich mit den sowjetischen Gulag konzentriert sich Levi in seinem Artikel *Buco nero di Auschwitz*, wo er sich direkt auf den Historikerstreit bezieht. Er widerlegt die Thesen Noltes, die nationalsozialistischen Lager seien mit den sowjetischen Gulag vergleichbar, durch eine nüchterne Analyse beider Phänomene. Insbesondere betont Levi ihre unterschiedlichen Ziele: Bei den Gulag handele es sich um ein politisches Massaker zwischen Gleichgestellten; den KZs liege hingegen eine rassistische Ideologie zugrunde, die einen Teil der Menschheit als lebensunwürdig ausschließe und ein ganzes Volk zu vernichten versuche. Außerdem sei die Sterblichkeitsrate in den Gulag zwar hoch gewesen, aber doch ein „Nebenprodukt" der schweren Lebensbedingungen des Arbeitslagers. Die nationalsozialistischen KZs waren hingegen „Schwarze Löcher", wohin Männer, Frauen und Kinder nur verschleppt wurden, um in den Gaskammern ermordet zu werden. Schließlich wurden nur im nationalsozialistischen Deutschland mit grausamer Radikalität sogar Kinder und Sterbende zu den Gaskammern verschleppt.

Auch wenn sie sich nicht intensiv mit dem Historikerstreit auseinandersetzt, der zur Zeit der Erscheinung ihrer Erinnerungen schon vorbei ist, bezieht Klüger an verschiedenen Stellen ihrer Schriften doch Stellung zur Einzigartigkeit und Unvergleichbarkeit der Shoah. Für sie sind Vergleiche innerhalb einer Auseinandersetzung mit der Shoah nicht nur erlaubt, sondern sogar notwendig: „ich weiß gar nicht, wie man anders an die Sache herankommen soll als durch Vergleiche" (WL, S. 75f). Sie sind das, was die Reflexion und die Befreiung von leeren, kreisrunden Phrasen überhaupt ermöglichen.[184]

In ihrem Aufsatz *Missbrauch der Erinnerung: KZ-Kitsch* reflektiert sie darüber, wie sich die Empfindung der Einzigartigkeit der Shoah im Laufe der Geschichte verändert hat:

> Damals, gleich nach dem Krieg, war die Sache mit dem Judenmord zwar außerordentlich, das war sie sofort und immer, aber sie wurde nicht als einzigartig gesehen. [...] Fünfzig Jahre später heißt es, der Holocaust sei einzigartig und unvergleichbar.[185]

---

einer derart luziden Kombination von technischer Erfindungsgabe, Fanatismus und Grausamkeit ausgelöscht worden" (UG, S. 17f.).
184 Vgl. WL, S. 111.
185 Ruth Klüger: „Missbrauch der Erinnerung", S. 54f.

Zur Einzigartigkeit der Shoah bezieht sie in ihren Erinnerungen Stellung, wo sie diese Position als „[ä]ngstliches Abgrenzen gegen mögliche Vergleiche" (WL, S. 70) definiert. Im Folgenden scheint sie die Einzigartigkeit der Shoah in Frage zu stellen:

> Im Grunde wissen wir alle, Juden wie Christen: Teile dessen, was in den KZs geschah, wiederholt sich vielerorts, heute und gestern, und die KZs waren selbst Nachahmungen (freilich einmalige Nachahmungen) von Vorgestrigem. (WL, S. 70).

Was sie jedoch eigentlich macht, ist durch die Vergleiche einen Gleichgewichtszustand zu finden („einmalige Nachahmungen"), der den einzigartigen Charakter der Shoah bewahrt, es aber gleichzeitig ermöglicht, diese in eine umfassende und einträgliche Reflexion einzubetten: „Abgekapselte Monaden wären wir, gäbe es nicht den Vergleich und die Unterscheidung, Brücken von Einmaligkeit zu Einmaligkeit" (WL, S. 70).

3. Der Dialog im Kontext der Shoah-Literatur

Sowohl Levi als auch Klüger wählen einen dialogischen Ansatz nicht nur für die eigene und die öffentliche Auseinandersetzung, sondern auch, um sich im Kontext der Shoah-Literatur mit den anderen Autoren in Dialog zu setzen:

> Klüger versteht ihre Autobiographie als literarische Antwort auf bereits publizierte Zeugnisse sowie als Einmischung, Fortschreibung und Kommentierung des längst etablierten Holocaust-Diskurses. Immer wieder nimmt sie direkt Bezug auf Werke und Autoren des entsprechenden literarischen Kanons wie beispielsweise Primo Levi […] oder auf literaturtheoretische Debatten, wie die von Adorno ausgelöste.[186]

Im Unterschied zur Mehrheit der Überlebenden begnügen sich Levi und Klüger nicht damit, Zeugnis über die Shoah abzulegen, sondern sie gehen einen entscheidenden Schritt weiter, indem sie eine tiefergehende und kritische Reflexion anstreben. Diese Reflexion über die Shoah ist bei Klüger in ihre Erinnerungen integriert, während sie bei Levi vor allem in der in den Achtziger Jahren erschienenen Sammlung *I sommersi e i salvati* erfolgt, denn seine Erinnerungen wurden noch sehr zeitnah zum Geschehen selbst veröffentlicht. Beide Autoren führen ihre Reflexion über die Shoah außerdem in zahlreichen Aufsätzen und Artikeln weiter, wobei Klüger sich eher an Literaturwissenschaftler, Levi sich eher an das breite Publikum richtet. Ihre Reflexion erfolgt somit nicht im ‚Elfenbeinturm', sondern sie nehmen ständig Bezug auf bestehende Äußerungen im Diskurs der Vergangenheitsbewältigung und insbesondere in der Shoah-Literatur. Dabei werden vor allem die wichtigsten Fragestellungen besprochen, die aus dem besonderen Charakter dieser Literatur entstehen, wie zum Beispiel das problematische Unvermögen der üblichen Sprache, die Andersartigkeit der Lagerwelt zu beschreiben. Aus diesen Bezugnahmen entstehen oft ertragreiche Dialoge, die zur Bereicherung der Reflexion

---

186 Eva Lezzi: „Ruth Klüger. Literarische Authentizität durch Reflexion", S. 287.

beider Gesprächspartner beitragen. Die Anspielungen und Bezugnahmen auf andere Autoren der Shoah-Literatur sind bei beiden Autoren äußerst zahlreich und ihre umfassende Berücksichtigung würde den Umfang dieser Arbeit weit überschreiten.[187] Deshalb möchte ich mich auf einige beispielshafte Kontakte von Levi und Klüger zu anderen Autoren konzentrieren, aus denen ein besonders fruchtbarer Dialog entstanden ist.

3.1. Jean Améry, *Jenseits von Schuld und Sühne*

Den fruchtbarsten und lebendigsten Dialog innerhalb der Shoah-Literatur unterhielt Levi mit dem österreichischen Philosophen Jean Améry[188]. Dieser Dialog wurde durch gemeinsame Erlebnisse und Charakterzüge der beiden Autoren begünstigt. Sie gehören derselben Generation an (Améry ist sieben Jahre älter als Levi), verfügen über eine vergleichbare humanistische Bildung und sind bis zum Ausbruch des Nationalsozialismus gut in der deutschsprachigen bzw. italienischen Gesellschaft integriert. Beide werden als Widerstandskämpfer verhaftet und nach Auschwitz-Monowitz deportiert. Es ist sogar möglich, dass sie dort einander begegnet sind.[189] Sogar ihre tragischen Todesumstände in Form des Suizids weisen Parallelen auf (Améry nahm sich 1978 das Leben, neun Jahre früher als Levi). Was sie jedoch am meisten verbindet, ist der Versuch, in ihren Berichten die eigenen Erinnerungen mit der Reflexion über die Situation des Menschen (und hier insbesondere des Intellektuellen) in Auschwitz anzureichern. Levi schreibt im Vorwort zu *Se*

---

[187] Außer den Autoren, die hier genannt sind, bezieht sich Levi u.a. auf Lidia Rolfi, Elie Wiesel, Bruno Bettelheim und Klüger u.a. auf Cordelia Edvardson und Tadeusz Borowski.

[188] Jean Améry ist 1912 als Sohn eines jüdischen Vaters und einer katholischen Mutter in Wien geboren. 1938 emigrierte er nach Belgien, wo er als Widerstandskämpfer festgenommen, gefoltert und schließlich ins KZ deportiert wurde. Über seine Erfahrung im Lager reflektiert er in seiner Studie *Jenseits von Schuld und Sühne, Bewältigungsversuche eines Überwältigten* (1966). 1978 beging er Selbstmord.

[189] Améry erinnert sich an einen jungen italienischen Chemiker, mit dem er für einige Zeit dieselbe Baracke teilte; Levi kann sich an Améry hingegen nicht erinnern. Vgl. SoSa: 104f.

questo è un uomo, dass sein Buch von einer „studio pacato di alcuni aspetti dell'animo umano"[190] handele. Auch in Amérys Studie *Jenseits von Schuld und Sühne*[191] bildet die Erinnerung

> [D]ie Grundlage für eine philosophische Reflexion über die Situation des Menschen in Auschwitz, die durch Gewalt, Unfähigkeit zur Kommunikation, durch die Auslöschung des Geistes, Schuld und Ressentiment, Entwurzelung und Heimatlosigkeit charakterisiert war.[192]

Der Gedanke des Dialogs drängt sich bereits auf, wenn man die Werke beider Autoren auf einer formalen Ebene dahingehend betrachtet, wie sie sich womöglich gegenseitig beeinflusst haben können. Levis *Se questo è un uomo* bildet den ersten Versuch innerhalb der Shoah-Literatur, über die Erinnerung hinaus zu gehen und die Shoah zu reflektieren, aber es bleibt immer noch ein Zeugenbericht: Wie ein Zeuge im Zeugenstand verzichtet Levi auf die Wiedergabe eigener Überlegungen, vielmehr gibt er dem Leser die Fakten an die Hand, die diesem eine eigene Reflexion über die Shoah ermöglichen. Améry scheint sich von diesem ersten Versuch der Reflexion über die Shoah beim Verfassen seiner Studie beeinflussen zu lassen, in der sich Erinnerung und Reflexion fruchtbar mischen. Diese Mischung wählt dann wiederum auch Levi für *I sommersi e i salvati*, wo die Erinnerung hauptsächlicher Ausgangspunkt für Levis Überlegungen zur Shoah ist.

Aber der Dialog findet sich mehr noch zwischen den Autoren und ihren Auffassungen gegenüber der Shoah. Nach der möglichen Begegnung in Auschwitz kommen Améry und Levi erst durch ihre Werke und dann in einem Briefwechsel (wieder) miteinander im Kontakt und treten in einen Dialog, den eine gemeinsame deutsche Freundin, Hety Schmitt-Maaß, ermöglicht.[193]

---

190 Primo Levi, Vorwort zu *Se questo è un uomo*, in: SQ, S. 7. „Eine ruhige Studie einiger Aspekte des menschlichen Gemüts". Dt. Übersetzung von mir.
191 Jean Améry: *Jenseits von Schuld und Sühne. Bewältigungsversuche eines Überwältigten*. München: Szczesny 1966. Neuausgabe Stuttgart: Klett 1977. Im Folgenden wird aus dieser Ausgabe zitiert.
192 Enzo Traverso: *Auschwitz denken. Die Intellektuellen und die Shoah*, Hamburg: Hamburger Ed. 2000, S. 252.
193 Vgl. SoSa, S. 159f.

Levi setzt diesen Dialog sogar auch nach Amerys Tod fort. Er zitiert ihn in Interviews, schreibt einen Artikel zu seinem Tod[194] aber vor allem widmet er dem „amico potenziale ed [...] interlocutore privilegiato" (SoSa, S. 102)[195] ein ganzes Kapitel von *I sommersi e i salvati*, wo er sein Vorhaben, mit Améry in Dialog zu treten, explizit ausdrückt: „Questo mio saggio vorrebbe essere, allo stesso tempo, un sunto, una parafrasi, una discussione ed una critica di un suo saggio amaro e gelido [...]" (SoSa, S. 104)[196].

Der Titel des Kapitels –*L'intellettuale ad Auschwitz*– bezieht sich auf eben diesen Aufsatz des Philosophen, *Der Intellektuelle in Auschwitz* (alternativer Titel zu *An den Grenzen des Geistes*[197], 1966) und deutet den Schwerpunkt des Dialogs Levis mit Améry an: die Auseinandersetzung des Intellektuellen mit der Erfahrung des KZs. In seinem Aufsatz analysiert Améry die Situation des intellektuellen Häftlings in den nationalsozialistischen Lagern im Vergleich zu praktischer veranlagten Kameraden. Er kommt zu dem Schluss, dass der Intellektuelle in Auschwitz im großen Nachteil war. Zum einen verfügte er, im Gegensatz zu den Handwerkern, über keine technisch-praktischen Kenntnisse, die es ihm ermöglicht hätten, seine beruflichen Fähigkeiten auch im Lager auszuüben (was ihm eine privilegierte Position gesichert hätte); stattdessen wurde er einem allgemeinen, unqualifizierten Arbeitskommando zugeteilt, für das er weder stark oder vorbereitet genug, noch ausreichend vertraut mit den Werkzeugen war. Das machte sein Überleben natürlich noch schwieriger: „Er wurde im Lager zu einem unqualifizierten Arbeiter, der das Seine im Freien zu leisten hatte, womit meist schon das Urteil über ihn gesprochen war"[198]. Auch dem alltäglichen Leben des Lagers und dessen absurder Routine konnte der Intellektuelle sich nicht anpassen, denn

---

194 Vgl. Primo Levi: „Jean Améry, il filosofo suicida". In: *La Stampa* 7.12.1978. Jetzt in: Primo Levi: *L'asimmetria e la vita*, S. 70–72.
195 „ein möglicher Freund und bevorzugter Gesprächspartner", UG, S. 129.
196 „Dieser Aufsatz möchte gleichzeitig eine Zusammenfassung, eine Paraphrase, eine Erörterung und eine Kritik an einem bitteren und kaltschnäuzigen Aufsatz von *ihm* sein [...]" (UG, S. 132).
197 Jean Améry: „An den Grenzen des Geistes". In: Jean Améry: *Jenseits von Schuld und Sühne*, S. 18–45.
198 Ebenda, S. 21.

Das Lagerleben erforderte vor allem körperliche Gewandtheit und einen notwendigerweise hart an der Grenze der Brutalität liegenden physischen Mut. Mit beiden waren die Geistesarbeiter nur selten gesegnet, und die moralische Courage, die sie oft anstelle der körperlichen einsetzen wollten, war keinen Pfifferling wert.[199]

Außerdem fiel es ihm sehr schwer, mit den anderen Insassen in Kontakt zu kommen.[200] Er konnte sich nicht auf seine Bildung stützen, denn sie erwies sich als vollkommen nutzlos, schmerzhaft, und für die deutschsprachigen Juden komplett in den Händen des Feindes: „[D]as geistige und ästhetische Gut [war] in den unbestrittenen und unbestreitbaren Besitz des Feindes übergangen"[201]. Darüber hinaus wehrte sich der Intellektuelle und konnte sich der Vernichtungslogik der SS nicht anpassen, nach der man zum Beispiel immer völlig rasiert sein musste, es aber untersagt war, ein Rasiermesser zu besitzen oder mehr als einmal alle zwei Wochen zum Friseur zu gehen:

> Ein langes Training, die Erscheinungen der Alltagswirklichkeit in Frage zu stellen, verbot ihm das schlichte Eingehen auf die Lagerrealität, denn diese stand in allzu schroffem Gegensatz zu allem, was er bisher als möglich und dem Menschen zumutbar angesehen hatte. Er hatte in der Freiheit stets nur mit Leuten Umgang gehabt, die der human-vernünftigen Argumentation zugänglich waren, und durchaus wollte er nicht begreifen, was nun wahrhaftig gar nicht kompliziert war, nämlich: daß ihm, dem Häftling, gegenüber die SS eine Logik der Vernichtung gebrauchte, die in sich ebenso folgerichtig operierte wie draußen die Logik der Lebenserhaltung.[202]

Sogar hinsichtlich des Todes ist der Intellektuelle den anderen Häftlingen gegenüber im Nachteil: Seine ästhetische Vorstellung des Todes, wie er sie aus Literatur und Kunst kennt, entspricht auf keinem Fall dem Tod im Lager, der hingegen „triviale, burocratica e quotidiana" (SoSa, S. 120)[203] ist:

---

199 Ebenda, S. 22.
200 Vgl. Ebenda, S. 23.
201 Ebenda, S. 27.
202 Ebenda, S. 30.
203 „trivial, bürokratisch und alltäglich" UG, S. 151.

Nach dem Zusammenbruch der ästhetischen Todesvorstellung stand dann der intellektuelle Häftling dem Tod ungewappnet gegenüber. Versuchte er dennoch ein geistiges und metaphysisches Verhältnis zum Tode herzustellen, stieß er sich auch hier wieder an der Lagerrealität, die einen solchen Versuch zur Aussichtslosigkeit verurteilte.[204]

Schließlich gibt es für den agnostischen Intellektuellen (wie Améry selbst) noch einen weiteren Nachtteil, denn es fehlt ihm der Glaube, religiös, aber auch politisch, der es den Gläubigen hingegen ermöglichte, ihre Individualität zu überschreiten und sich in ein geistiges Kontinuum einzuordnen:

> Der im weitesten Sinne gläubige Mensch, sei sein Glaube ein metaphysischer oder ein immanenzgebundener, überschreitet sich selbst. Er ist nicht der Gefangene seiner Individualität, sondern gehört einem geistigen Kontinuum an, das nirgends, und auch in Auschwitz nicht, unterbrochen wird.[205]

Am Ende seiner Studie kann Améry die Frage nur verneinen, die der Anlass seiner Überlegungen war, nämlich ob Geistesbildung und intellektuelle Grunddisposition dem Häftling hilfreich gewesen sind und sein Überleben erleichtert haben.[206]

In seinem Aufsatz geht Levi die Überlegungen Amérys durch und stimmt seinem Schluss zu, dass der Intellektuelle im Lager große Nachteile hatte. Er hatte jedoch auch Vorteile, fügt er dann hinzu:

> La cultura poteva servire: non sovente, non dappertutto, non a tutti, ma qualche volta, in qualche occasione rara, preziosa come una pietra preziosa, serviva pure, e ci si sentiva come sollevati dal suolo; col pericolo di ricadervi di peso, facendosi tanto più male quanto più alta e più lunga era stata l'esaltazione. (SoSa, S. 111)[207]

---

204 Jean Améry: „An den Grenzen des Geistes", S. 40.
205 Ebenda, S. 36.
206 Vgl. Ebenda, S. 43.
207 „Bildung konnte von Nutzen sein: nicht oft, nicht überall, nicht für alle; aber manchmal, bei irgendeiner seltenen Gelegenheit, die so kostbar war wie ein kostbarer Edelstein, war sie doch von Nutzen, und man fühlte sich wie losgelöst vom Boden, wobei die Gefahr bestand, daß man mit seinem ganzen Gewicht wieder auf die Erde herabstürzte und sich umso mehr weh tat, je größer der Überschwang war und je länger er andauerte." UG, S. 140.

Als Beispiel führt Levi die Episode des *Gesang[s] des Odysseus* an, die er in *Se questo è un uomo* bereits beschrieben hat, und betont die Bedeutung, die die Literatur für ihn im Lager gehabt hat.[208]

In seinem Aufsatz thematisiert Levi auch einen anderen Aspekt der Überlegungen Amérys, von Levi „Morale del Zurückschlagen"[209] genannt, von der Améry in einem anderen Aufsatz aus *Jenseits von Schuld und Sühne* spricht, nämlich in *Über Zwang und Unmöglichkeit, Jude zu sein*[210]. Gegen die „deutsche Geistesstörung"[211] und die Entwürdigung seitens des national-sozialistischen Deutschlands entwickelt Améry eine eigene Form des Widerstands. Da die Würde nur von der Gesellschaft verliehen werden kann, unabhängig von persönlichen Ansprüchen, ist es sinnlos, die eigene Würde einfach zu behaupten. „Jedoch kann der entwürdigte, todesbedrohte Mensch […] die Gesellschaft von seiner Würde überzeugen, indem er sein Schicksal auf sich nimmt und sich zugleich in der Revolte dagegen erhebt."[212] Nachdem er festgestellt hat, „daß [er] zwar den Urteilsspruch als einen solchen akzeptieren müsse, aber die Welt zwingen könne, ihn zu revidieren"[213], entscheidet er sich für eine Art Widerstand, die ihm „jenseits des physischen Überlebens eine Minimalchance eröffnet, das Ungeheure auch moralisch zu überstehen"[214]. Diese Art Widerstand nennt er ‚Zurückschlagen' und illustriert sie am Beispiel einer Episode aus seinen Auschwitz-Jahren. Nachdem ein polnischer Häftlingsvorarbeiter ihm ins Gesicht schlägt, wie er es mit allen Juden zu tun gewohnt ist, schlägt Améry ihn zurück, ohne sich Gedanken darum zu machen, dass er so nur noch mehr Prügel bekommen wird. Er stellt hingegen fest: „ich war, schmerzhaft verprügelt, mit mir zufrieden"[215], denn die Gewalttätigkeit ist in einer solchen Situation für ihn „das einzige Mittel zur Wiederherstellung einer

---

208 Vgl. auch das Kapitel 1.2 dieser Arbeit.
209 SoSa, S. 109. „Moral des Zurückschlagens", UG, S. 137.
210 Jean Améry: „*Über Zwang und Unmöglichkeit, Jude zu sein*". In: Jean Améry: *Jenseits von Schuld und Sühne*, S. 130–156.
211 Ebenda, S. 140.
212 Ebenda.
213 Ebenda, S. 141.
214 Ebenda.
215 Ebenda, S. 142.

dislozierten Persönlichkeit"²¹⁶. Anders als Levi, der durch die Kommunikation und die Kultur auch in der entmenschlichten Welt des Lagers Mensch bleibt, findet Améry seine Menschlichkeit in der Revolte wieder:

> Ich wurde Mensch, nicht indem ich mich innerlich auf mein abstraktes Menschentum berief, sondern indem ich mich in der gegebenen gesellschaftlichen Wirklichkeit als revoltierender Jude auffand und ganz realisierte.²¹⁷

Levi, der in seinem Aufsatz Amérys „Moral des Zurückschlagens" analysiert, kann diese nicht teilen: Er schreibt das „una mia debolezza intrinseca oppure [...] una lacuna nella mia educazione"²¹⁸ zu. Diese Gelassenheit Levis wird dann auch zu Amérys Urteil von Levi als „Verzeihendem" beitragen.

Das Verhältnis Amérys zur Shoah und zu den Deutschen ist hingegen nach dem Krieg von Ressentiments charakterisiert, die der Philosoph im gleichnamigen Aufsatz aus der Sammlung *Jenseits von Schuld und Sühne* analysiert.²¹⁹ Den Anlass zur Bildung von Ressentiments bildet die Wandlung Deutschlands vom verachteten, geschlagenen Land zur wirtschaftlichen Weltmacht: „Der Paria Deutschland wurde erst aufgenommen in die Gemeinschaft der Völker, danach hofierte man ihn, schließlich mußte man ganz emotionsfrei im Mächtespiel mit ihm rechnen"²²⁰. Dadurch verändert sich auch das Selbstbild Deutschlands, denn

> Man kann billigerweise von niemandem verlangen, daß er unter diesen Umständen – Umständen eines beispiellosen wirtschaftlichen, industriellen, auch militärischen Aufstiegs – sich weiter die Haare raufe und an die Brust schlage.²²¹

Die Deutschen, so Améry, bewältigten die Vergangenheit des Dritten Reiches „auf ihre Art" und schlossen daraus, dass sie „nichts anderes war als

---

216 Ebenda.
217 Ebenda.
218 Primo Levi in: Risa Sodi: „Un'intervista con Primo Levi", S. 235. „[...]einer angeborenen Schwäche oder einer Lücke in meiner Erziehung [...]". Primo Levi in Risa Sodi: „Ein Interview mit Primo Levi", S. 250.
219 Jean Améry: „Ressentiments". In: Jean Améry: *Jenseits von Schuld und Sühne*, S. 102–129.
220 Jean Améry: „Ressentiments", S. 107f.
221 Ebenda, S. 108.

ein Betriebsunfall der deutschen Geschichte", eine Vergangenheit „an der das deutsche Volk in seiner Breite und Tiefe keinen Anteil hatte"[222].

Das Ressentiment des Opfers erscheint Améry daher als moralisch notwendig, um die Täter, aber insbesondere ihre Nachfahren an die Vergangenheit zu erinnern. Insbesondere wendet sich Améry der neuen Generation zu, die jede Verantwortung für die Shoah ablehnt. Obwohl sie keine Schuld trage, so Améry, habe sie doch eine Verantwortung: Sie solle sich dessen bewusst sein, dass nicht nur die Klassiker der Literatur wie Goethe und Schiller der deutschen Tradition angehören, sondern auch die Nationalsozialisten und ihre Verbrechen:

> Die deutsche Jugend kann sich nicht auf Goethe, Mörike, den Freiherrn vom Stein berufen und Blunck, Eilhelm Schäfer, Heinrich Himmler ausklammern. Es geht nicht an, nationale Tradition für sich zu reklamieren, wo sie eine ehrenhafte war, und sie zu verleugnen, wo sie als die verkörperte Ehrvergessenheit einen wahrscheinlich imaginären und gewiß wehrlosen Gegner aus der Menschengemeinschaft ausstieß.[223]

Statt die Vergangenheit und die bestehende Spannung zwischen ehemaligen Opfern und Tätern zu vermeiden, sollten diese ans Licht gebracht, exteriorisiert und aktualisiert werden:

> Nicht im Prozeß der Interiorisation, so scheint mir, sind die zwischen ihnen und mir liegenden Leichenhaufen abzutragen, sondern im Gegenteil, durch Aktualisierung, schärfer gesagt: durch Austragung des ungelösten Konflikts im Wirkungsfeld der geschichtlichen Praxis.[224]

Wie sich diese Aktualisierung abspielen soll, erklärt Améry selbst: nicht durch eine sinnlose Rache, sondern durch das Ressentiment seitens des Opfers und eine Art Selbstmisstrauen seitens der Täter bzw. des Volkes der Täter, das aus der Anerkennung entsteht, dass dieses Stück deutscher Vergangenheit sich nicht neutralisieren lässt:

> Exteriorisierung und Aktualisierung – sie können ganz gewiß nicht bestehen in einer proportional zum Erlittenen ins Werk zu setzenden Rache. […] ausgetragen könnte

---

222 Ebenda, S. 109.
223 Ebenda, S. 122.
224 Ebenda, S. 112.

dadurch werden, daß in einem Lager das Ressentiment bestehen bleibt, und hierdurch geweckt, im anderen das Selbstmißtrauen. Gestachelt von den Sporen unseres Ressentiments allein – und nicht im mindesten durch eine subjektiv fast immer dubiose und objektiv geschichtsfeindliche Versöhnlichkeit –, würde das deutsche Volk empfindlich dafür bleiben, daß es ein Stück seiner nationalen Geschichte nicht von der Zeit neutralisieren lassen darf, sondern es zu integrieren hat.[225]

Diese Ausblendung der persönlichen Rache zugunsten einer Auseinandersetzung zwischen Opfern und Tätern ist ein wichtiger Berührungspunkt zwischen Améry und Levi. Auch Levi lehnt die persönliche Rache ab, denn er sei nur auf der Suche nach Gerechtigkeit, nicht nach Rache:

> [D]avanti alla colpa, e in specie a questa colpa, commessa contro gli ebrei d'Europa, io provo un prepotente bisogno di giustizia, non di vendetta, cioè non mi verrebbe mai in mente di ammazzare un tedesco, putacaso anche un tedesco colpevole.[226]

Levi ist in seiner Auffassung gemäßigter als Améry: Er weigert sich, die Kollektivschuld der Deutschen zu verallgemeinern und lässt Raum für die wenigen, die sich doch den Nazis widersetzt haben: „Quasi tutti, ma non tutti, erano stati sordi, ciechi e muti [...]. Quasi tutti, ma non tutti, erano stati vili" (SoSa, S. 138)[227]. Améry missversteht diese Position und Levis ausgleichenden Ton und wirft ihm vor, ein „Verzeihender" zu sein.[228] Levi weist diesen Vorwurf zurück und antwortet Améry in seinem Aufsatz *L'intellettuale ad Auschwitz*:

---

225 Ebenda, S. 123f.
226 Primo Levi in Dina Luce: „Il suono e la mente", S. 38. „ [...] angesichts der Schuld, und insbesondere dieser an den Juden Europas verübten Schuld, empfinde ich ein übermächtiges Bedürfnis nach Gerechtigkeit, nicht nach Rache, mir würde also nie in den Sinn kommen, einen Deutschen umzubringen, und sei es auch ein schuldbeladener Deutscher" Primo Levi in: Dina Luce: „Klang und Verstand", S. 37.
227 „Fast alle, aber eben doch nicht alle, waren taub, blind und stumm gewesen [...] Fast alle, aber eben doch nicht alle, waren feige gewesen" (UG, S. 173).
228 Vgl. einen Brief Amérys an Hety-Schmitt-Maas, worauf Levi sich in SoSa, S. 110 bezieht.

> Non ho tendenza a perdonare, non ho mai perdonato nessuno dei nostri nemici di allora, né mi sento di perdonare i loro imitatori […] perché non conosco atti umani che possano cancellare una colpa; chiedo giustizia, ma non sono capace, personalmente, di fare a pugni né di rendere il colpo. (SoSa, S. 110)[229]

Levi ist aber nicht der einzige, der sich mit Améry in einen Dialog setzt. Auch Klüger bezieht sich auf den österreichischen Philosophen und bereichert durch seine Überlegungen die eigenen. Klügers Begriff der Unversöhnlichkeiten ist nämlich eng mit Amérys Ressentiments verbunden, wie es in einigen Interviews von der Autorin selbst angedeutet wird. Auf eine Frage der Redakteure vom *Spiegel*, ob sie noch unter ihrer Unversöhnlichkeit leide, antwortet Klüger: „Ich bin voller Ressentiments. Das ist der Grund, so ein Buch [gemeint ist hier *unterwegs verloren*, Anm. d. Verf.] zu schreiben"[230]. In einem anderen Interview macht sie den Verweis noch expliziter:

> [*unterwegs verloren*] ist voller Ressentiments. Und ich halte es mit Jean Améry, dass Ressentiments etwas sehr Gutes sind, deretwegen man sich nicht schämen muss. [Sie sind gut] sowohl [für sich selbst] als auch [für die anderen]. Hoffentlich auch fürs Geschriebene, ein verklärtes Ende wollte ich nicht.[231]

In diesem Zitat wird auch klar, wie wichtig die Ressentiments bzw. die Unversöhnlichkeiten für Klüger sind. Sie kann darauf nicht verzichten, sie gehören zu ihrer Identität: „Nur an meinen Unversöhnlichkeiten erkenn ich mich, an denen halt ich mich fest." (WL, S. 279)

Mit Améry teilt Klüger auch das Bedürfnis, den Konflikt zwischen den Opfern und den Deutschen zu aktualisieren: Sie akzeptiert ein pauschales

---

229 „Ich neige nicht dazu zu verzeihen, ich habe niemandem unserer damaligen Feinde verziehen, und ich will auch ihren Nachahmern […] nicht verzeihen, weil ich keine menschlichen Taten kenne, die eine Schuld auslöschen könnten. Ich fordere Gerechtigkeit, aber ich bin selber nicht in der Lage, mich auf Boxkämpfe einzulassen oder zurückzuschlagen" (UG, S. 139).
230 Ruth Klüger in: Martin Doerry/Cordula Meyer: „,,Man ist irrsinnig indiskret"". In: *Der Spiegel*, Nr.33, 11.08.2008, S. 144–147, hier S. 147.
231 Ruth Klüger in: Anne Catherine Simon: „Ruth Klüger: ‚Ressentiments sind etwas sehr gutes'". In: *Die Presse*, 07.10.2008, S. 37.

Verzeihen nicht, macht den Anspruch an Unversöhnlichkeit geltend und stellt die Darlegung des Konflikts als notwendige Voraussetzung des Dialogs dar.[232]

Auf Améry scheint sich auch Klügers nachdrücklicher Ausspruch zu beziehen, Auschwitz sei keine Lehranstalt gewesen. In *weiter leben* schreibt sie,

> Auschwitz sei keine Lehranstalt für irgend etwas gewesen und schon gar nicht für Humanität und Toleranz. Von den KZs kam nichts Gutes […]. Sie seien die allernutzlosesten, unnützesten Einrichtungen gewesen, das möge man festhalten, auch wenn man sonst nichts über sie wisse. (WL, S. 72)

Eine ähnliche Position vertritt auch Améry in seinem Text *An den Grenzen des Geistes*:

> Wir sind in Auschwitz nicht weiser geworden, sofern man unter Weisheit ein positives Wissen von der Welt versteht: Nichts von dem, was wir dort erkannten, hätten wir nicht schon draußen erkennen können; nichts davon wurde uns zu einem praktischen Wegweiser. Wir sind auch im Lager nicht ‚tiefer' geworden, sofern die fatale Tiefe überhaupt eine definierbare geistige Dimension ist. Daß wir in Auschwitz auch nicht besser, nicht menschlicher, nicht menschen*freundlicher* und sittlich reifer wurden, versteht sich, glaube ich, am Rande.[233]

Auch hinsichtlich des Verzeihens ist die Position Klügers ebenso absolut wie die Amérys: „Verzeihen ist zum Kotzen" (WL, S. 279) lautet es in den letzten Seiten von *weiter leben*. Wie kann man das Buch als versöhnlich interpretieren, wie es in der deutschen Rezeption mehrmals geschehen ist?[234]

3.2. Hermann Langbein, *Menschen in Auschwitz*

Améry ist jedoch nicht der einzige Autor der Shoah-Literatur, mit dem Levi einen fruchtbaren Dialog über den literarischen Umgang mit der Shoah und

---

232 Vgl. die oben zitierte Aufforderung an die Leser, die Auseinandersetzung zu suchen und streitsüchtig zu werden, WL, S. 142.
233 Jean Améry: „An den Grenzen des Geistes", S. 44.
234 Vgl. Ruth Klüger in: Martin Doerry/Cordula Meyer: „‚Man ist irrsinnig indiskret'", S. 147: „[…] gerade in Deutschland haben viele das Buch als versöhnlich interpretiert. Manchmal werden Bücher eben falsch gelesen."

dessen Probleme und Besonderheiten führt. Auch mit Hermann Langbein, ehemaliger Häftling und Autor von *Menschen in Auschwitz*, führt Levi einen umfassenden Dialog, der sich persönlich auch in einer Freundschaft ausdrückt[235] und von dem uns auch Beiträge beider Gesprächspartner bzw. Hinweise aufeinander zugänglich sind.

Levi bezieht sich auf Langbein in seiner persönlichen Sammlung von Lektüren, die ihn geprägt haben, *La ricerca delle radici*. Dort nimmt er Langbeins *Menschen in Auschwitz* mit in seine Sammlung auf und bezeichnet es als „un libro che mi sta a cuore, che mi sembra fondamentale, e che vorrei aver scritto io"[236]. In seinem Buch, so Levi in seinem Vorwort, sei es Langbein gelungen zu beschreiben, was Levi nicht konnte, nämlich ein größeres Bild des Lagerlebens und nicht nur seine unmittelbaren Erlebnisse, denn Langbein waren als aktivem Widerstandskämpfer und als Privatsekretär eines Arztoffiziers viel mehr Informationen zugänglich: „Il suo duplice ruolo lo espose a un pericolo grave e costante, ma gli permise di raccogliere una messe sterminata di notizie e di storie personali"[237]. Obwohl der Umgang mit dem Dargestellten ein anderer ist, ist die dahinterstehende Absicht beiden Autoren gemeinsam: „non per accusare né per commuovere, ma per aiutare a capire"[238].

Der Respekt und die Bewunderung gegenüber dem anderen und dessen Werken beruht auf Gegenseitigkeit: Langbein spricht von Levi in einem Vortrag, dessen Titel *Se questo è un uomo – un uomo straordinario*[239] lautet, in lobenden Worten. In diesem Vortrag drückt Langbein seine Bewunderung für

---

235 Vgl. Primo Levi, Vorwort zu: Primo Levi: *La ricerca delle radici*. Torino: Einaudi 1981, S. X.
236 Primo Levi: *La ricerca delle radici*, S. 221. „Ein Buch, das mir am Herzen liegt, das mir grundlegend scheint, und welches ich gern selbst geschrieben hätte." dt. Übersetzung von mir.
237 Ebenda. „Seine doppelte Rolle setzte ihn einer ernsten und beständigen Gefahr aus, ermöglichte es ihm aber auch, eine grenzenlose Fülle an Information und persönlichen Geschichten zu sammeln." dt. Übersetzung von mir.
238 Ebenda. „nicht um zu beschuldigen oder zu rühren, sondern darum, verstehen zu helfen", Dt. Übersetzung von mir. Vgl. Auch das Kapitel 1.3 dieser Arbeit.
239 Hermann Langbein: „Se questo è un uomo: un uomo straordinario". In: *Primo Levi. Il presente del passato*. Hrsg. von Alberto Cavaglion, S. 63–66.

den italienischen Autor aus, denn Levi ginge in dem Versuch, das Unvorstellbare zu erzählen, am weitesten:

> [...] [N]on tutti i racconti riescono a trasmettere a chi è venuto dopo la realtà dell'atmosfera di Auschwitz. Forse è perfino un bene. Ma, per quanto io sappia [...] Primo Levi è colui che è andato più oltre nel rendere reale l'inimmaginabile."[240]

Er schließt dann seinen Vortrag mit dem Hinweis auf die große Bedeutung des Werkes Levis für die Forschung der Shoah und für die Shoah-Literatur ab:

> Primo Levi ci ha lasciati, è stato molto doloroso. La testimonianza di Primo Levi resta. Sono convinto che ancora molti studiosi scriveranno su questo bruciante, essenziale fenomeno della nostra storia contemporanea che ha il suo simbolo in Auschwitz, e nessuno potrà scrivere senza fare riferimento alla testimonianza di Primo Levi. Se questo è un uomo – un uomo straordinario.[241]

3.3. Peter Weiss, *Meine Ortschaft*

Eine weitere wichtige Figur der Shoah-Literatur, mit dem jedoch vor allem Klüger in einen Dialog tritt, ist der deutsche Schriftsteller Peter Weiss.[242] Er beschäftigt sich mit der Shoah zuerst in dem Aufsatz *Meine Ortschaft*[243] und

---

240 Ebenda S. 64: „[...] nicht alle Berichte schaffen es, den Nachkommen die reale Atmosphäre in Auschwitz zu vermitteln. Vielleicht ist es sogar etwas Gutes. Aber soviel ich weiß [...] ist Primo Levi derjenige, der in dem Versuch, das Unvorstellbare real zu machen, am weitesten gegangen ist." dt. Übersetzung von mir.
241 Ebenda, S. 66: „Primo Levi hat uns verlassen, es war sehr schmerzlich. Das Zeugnis Primo Levis bleibt. Ich bin überzeugt, dass viele Forscher über dieses brennende, wesentliche Ereignis unserer gegenwärtigen Geschichte schreiben, das sein Symbol in Auschwitz hat, und niemand wird ohne Hinweis auf das Zeugnis Primo Levis schreiben können. Ist das ein Mensch? – ein außergewöhnlicher Mensch." Dt. Übersetzung von mir.
242 Peter Weiss, geboren 1916 in einer jüdischen Familie, gelang 1939 die Flucht aus dem nazionalsozialistischen Deutschland. Vom Gefühl geprägt, seinem Schicksal entkommen zu sein, beschäftigte sich Weiss mehrmals mit der Shoah, vor allem im Aufsatz „Meine Ortschaft" (1963) und im Theaterstück *Die Ermittlung* (1965). Er ist 1982 gestorben.
243 Peter Weiss: „Meine Ortschaft" (1964), in: Peter Weiss: *Rapporte*. Frankfurt a.M.: Suhrkamp 1968, S. 113–124.

dann in seinem dokumentarischen Drama *Die Ermittlung*[244], das als eines der bekanntesten Werke der Shoah-Literatur gilt. Dieses Theaterstück ist aus Aussagen des Frankfurter Auschwitz-Prozesses der Jahre 1964–1965 montiert und will in der Absicht Weiss' ein Konzentrat des Prozesses sein, wobei die Bewertung und Beurteilung dem Zuschauer überlassen wird.

Obwohl bei Levi keine Spuren eines direkten Dialogs mit Weiss zu finden sind, sind die Berührungspunkte zwischen beiden Autoren zahlreich. Zum einen ist beiden Autoren das Streben nach einer möglichst objektiven Darstellung der Welt des Lagers gemein, sowie das dortige verkehrte Verhältnis von Ding und Mensch.[245] Dies resultiert für Weiss aus der Einsicht, dass in der Shoah-Literatur die Einfühlung in die Opfer oder in die Täter unmöglich ist. Aus diesem Grund entscheidet er sich auch gegen die Darstellung einzelner Schicksale und für das Schicksal der Millionen. Dies entspricht – auch wenn die Methode eine andere ist – dem Vorhaben Levis, für alle Opfer der Shoah Zeugnis abzulegen. Schließlich finden sich auch die zahlreichen Anspielungen an Dante bei beiden Autoren.[246]

Während der Kontakt zwischen Levi und Weiss auf die Ebene von Beeinflussung und inhaltlichen Gemeinsamkeiten beschränkt bleibt, setzt sich Klüger im expliziten und direkten Dialog mit dem Dramatiker auseinander. Zunächst analysiert sie in ihrem Aufsatz *Dichten über die Shoah* sein Drama *Die Ermittlung*, wobei sie den Leser auch auf die Analogien zwischen Weiss und Levi aufmerksam macht. Aber vor allem in ihren Erinnerungen *weiter leben* erscheint der Dialog mit Weiss in seiner Gänze. An der Stelle, an der sie über die mit der Shoah verbundene Museumskultur nachdenkt und nach der Rolle der Gedenkstätten fragt,[247] bezieht sich Klüger auf Weiss und auf seinen

---

244 Peter Weiss: *Die Ermittlung. Oratorium in elf Gesängen*, uraufgeführt 1965 gleichzeitig in der BRD und der DDR.
245 Vgl. Ruth Klüger: „Dichten über die Shoah", S. 212.
246 Für die dantischen Anspielungen in Weiss und die Dante-Rezeption in Weiss und Levi vgl. u.a. Silke Segler-Messner: „Moderne Höllendarstellungen – Primo Levi und Peter Weiss im Zwiegespräch mit Dante". In: *Jahrbuch für internationale Germanistik* 2007, S. 51–80.
247 Vgl. Kapitel 2.3. dieser Arbeit.

Essay *Meine Ortschaft*. In diesem Essay, den er parallel zur *Ermittlung* verfasst und der von seiner Besichtigung von Auschwitz inspiriert ist, bezeichnet Weiss Auschwitz als ‚seine Ortschaft', denn als Jude war er eigentlich verurteilt, dort zu sterben:

> Es ist eine Ortschaft, für die ich bestimmt war und der ich entkam. […] Ich habe keine andere Beziehung zu ihr, als daß mein Name auf den Listen derer stand, die dorthin für immer übersiedelt werden sollten.[248]

Wie Klüger stellt auch er fest, dass das, was der Besucher dort vorfindet, nichts mehr mit der Realität des Lagers während der Shoah zu tun hat. Es besteht sogar die Gefahr, auch das, was man über die Shoah gelesen hat, aus den Augen zu verlieren:

> Ich wusste einmal von diesen Appellen, von diesem stundenlangen Stehen im Regen und Schnee. Jetzt weiß ich nur von diesem leeren lehmigen Platz, in dessen Mitte drei Balken in die Erde gerammt sind, die eine Eisenschiene tragen. Auch davon wußte ich, wie sie hier unter der Schiene auf Schemeln standen und wie dann die Schemel unter ihnen weggestoßen wurden und wie die Männer mit den Totenkopfmützen sich an ihre Beine hängten, um ihnen das Genick zu brechen. Ich hatte es vor mir gesehen, als ich davon hörte und davon las. Jetzt sehe ich es nicht mehr.[249]

Er kann nicht beschreiben oder gar wissen, wie es für die Opfer gewesen ist. Er beschreibt daher, wie es jetzt ist, aber vor allem beschreibt er seine eigene Auseinandersetzung, die „Konfrontation eines Unbeteiligten, wenn auch Zugehörigen, mit dem Tatort aus der geschichtlichen Erkenntnisperspektive des Heute"[250]. Das genau macht ihn aus Klügers Perspektive zum „besten Besucher, den man sich wünschen kann", denn „er sah kein fertiges, starres Mahnmal" (WL, S. 75). Er prüft seine Kenntnisse aus den Zeugnissen und Büchern über die Shoah an dem Ort, an dem das Erzählte stattgefunden hat. Das bringt ihm jedoch zuerst kein positives Ergebnis. Ein tieferes Verstehen gelingt ihm

---

248 Peter Weiss: „Meine Ortschaft", S. 114.
249 Peter Weiss: „Meine Ortschaft", S. 118.
250 Irene Heidelberger-Leonard: „Peter Weiss: Meine Ortschaft". http://www.uni-due.de/literaturwissenschaft-aktiv/nullpunkt/pdf/weiss_ortschaft.pdf. Stand: 15.7.2000. Zugriff: 18.7.2011., S. 2.

nicht, sogar das, was er schon aus den Büchern wusste, erscheint ihm nun nicht mehr greifbar: „Viel darüber gelesen und viel darüber gehört. […] Was sagt dies alles, was weiß ich davon? Jetzt weiß ich nur, wie diese Wege aussehen […]"[251].

Aber im letzten Moment des Besuches gelingt es ihm, in einer alten Baracke die Spuren des alten Lagers, die Gespenster zu fühlen, und dadurch eine Ahnung dessen zu bekommen, was die Opfer der Shoah im KZ erlebt haben:

> Irgendwo trete ich ein. Und dies ist jetzt so: hier ist das Atmen, das Flüstern und Rascheln noch nicht ganz von der Stille verdeckt, diese Pritschen, in drei Stockwerken übereinander, an den Seitenwänden entlang und entlang des Mittelteils, sind noch nicht ganz verlassen, hier im Stroh, in den schweren Schatten, sind die tausend Körper noch zu ahnen, ganz unten, in Bodenhöhe, auf dem kalten Beton, oben, unter dem schräg aufsteigenden Dach, auf den Brettern, in den Fächern zwischen den gemauerten Tragwänden, dicht aneinander, sechs in jedem Loch, hier ist die Außenwelt noch nicht ganz eingedrungen, hier ist noch zu erwarten, daß es sich regt da drinnen, daß ein Kopf sich hebt, eine Hand sich vorstreckt.[252]

Dennoch bleibt ihm als Besucher die genaue Kenntnis der Shoah verschlossen, und er kann sich vor allem nicht in die Opfer einfühlen:

> Doch nach einer Weile tritt auch hier das Schweigen und die Erstarrung ein. […] Der Lebende, der hierherkommt, aus einer andern Welt, besitzt nichts als seine Kenntnisse von Ziffern, von niedergeschriebenen Berichten, von Zeugenaussagen, sie sind Teil seines Lebens, er trägt daran, doch fassen kann er nur, was ihm selbst widerfährt. Nur wenn er selbst von seinem Tisch gestoßen und gefesselt wird, wenn er getreten und gepeitscht wird, weiß er, was dies ist. Nur wenn es neben ihm geschieht, das man sie zusammentreibt, niederschlägt, in Fuhren lädt, weiß er, wie dies ist.[253]

In Anbetracht der Komplexität des Umgangs mit der Shoah hat daher ein Besuch der ehemaligen Orte der Shoah, und im allgemeinen eine Museumskultur für Weiss und Klüger nur dann Sinn, wenn man diese Orte als Konstellationen betrachtet, in denen man die eigenen anderswo erlangten Kenntnisse

---

251 Peter Weiss: „Meine Ortschaft", S. 118.
252 Ebenda, S. 124.
253 Ebenda.

prüfen kann, wenn man also das, was man zu finden meint, „wohl schon im Gepäck mitgebracht" (WL, S. 75) hat. Sowohl Weiss als auch Klüger nehmen also Anstoß an einer zum Museumskult erstarrten Museumskultur[254] und sehen die Restaurationsarbeiten an den Gedenkstätten als Ausweg hin zu einer persönlichen, reflektierten Auseinandersetzung und als Anstoß zur Sentimentalität.[255] Weiss und Klüger haben aber unterschiedliche Auffassungen bezüglich der Rolle, die diese besondere Ortschaft in ihrem Leben spielt. Für den zufällig entkommenen Juden Weiss ist die nicht erlebte Ortschaft Auschwitz die einzig wichtige in seinem Leben, in einer Art „nachträglichen Aneignung einer Bestimmung, der er durch Zufall entkommen ist"[256]. Klüger hingegen, die tatsächlich dort gewesen ist, erkennt Auschwitz nicht als *ihre* Ortschaft an und wehrt sich gegen die übliche Festschreibung dieses Lagers als ihren Ursprungsort, als wäre dies die einzig wichtige Angabe zu ihrer Person:

> [Auschwitz ist] eben nicht meine Ortschaft geworden [...] An den Ort [...] gehör ich nicht hin, hab dort niemals hingehört. [...] Und doch wird dieser Ort jedem, der ihn überlebt hat, als eine Art Ursprungsort angerechnet. Das Wort Auschwitz hat heute eine Ausstrahlung, wenn auch eine negative, so daß es das Denken über eine Person weitgehend bestimmt, wenn man weiß, daß sie dort gewesen ist. [...] Aber so einfach ist das nicht, denn was immer ihr denken mögt, ich komm nicht von Auschwitz her, ich stamm aus Wien. [...] Auschwitz war nur ein gräßlicher Zufall. (WL, S. 139)

3.4. Theodor W. Adorno: „[N]ach Auschwitz ein Gedicht zu schreiben, ist barbarisch"

Im Jahr 1951 löst ein Satz des Philosophen und Soziologen Theodor W. Adorno[257] eine literaturtheoretische Debatte aus, die schnell zu einem

---

254 Für diese gelungene Formel vgl. Irene Heidelberger-Leonard: „Auschwitz, Weiss und Walser. Anmerkungen zu den "Zeitschaften" in Ruth Klügers *weiter leben*". In: *Peter Weiss Jahrbuch* 4, 1995, S. 78–89, hier S. 78.
255 Vgl. das Kapitel 2.3. dieser Arbeit.
256 Irene Heidelberger-Leonard: „Auschwitz, Weiss und Walser", S. 79.
257 Theodor Wiesengrund Adorno (1903–1969) war ein deutsch-jüdischer Philosoph, Soziologe und Musiktheoretiker. Er beschäftigte sich vor allem mit der Shoah und ihren

der wichtigsten Topoi der Shoah-Literatur wird und noch heute lebendig ist. Der überall zitierte Satz Adornos lautet „[N]ach Auschwitz ein Gedicht zu schreiben, ist barbarisch", und stammt aus seinem geschichtsphilosophischen und gesellschaftstheoretischen Essay *Kulturkritik und Gesellschaft,* in dem er „nach der Katastrophe von Auschwitz der gesamten traditionellen Kultur, ihre Kulturkritik angeschlossen, sein tiefste[s] Mißtrauen aus[spricht] [...]"[258]. Der Satz integriert den scheinbar absoluten Imperativ in den Kontext des Essays:

> Kulturkritik findet sich der letzten Stufe der Dialektik von Kultur und Barbarei gegenüber: nach Auschwitz ein Gedicht zu schreiben, ist barbarisch, und das frißt auch die Erkenntnis an, die ausspricht, warum es unmöglich ward, heute Gedichte zu schreiben.[259]

Meist wird aber nur der oben zitierte Halbsatz zur Kenntnis genommen, der entweder als Mahnung hinsichtlich der Unmöglichkeit der Poesie nach Auschwitz überhaupt oder als Darstellungsverbot interpretiert wird. Vielen Adorno-Interpreten zufolge sollen seine Worte so verstanden werden,

> [...] dass es überhaupt ‚barbarisch' sein solle, nach Auschwitz noch Gedichte zu schreiben, da das Scheitern der Kultur, welche in Barbarei umgeschlagen den Holocaust hervorgerufen hat, demnach auch auf die Dichtung, als höchster Ausdruck derselben, zurückfallen müsse.[260]

Für andere ist es hingegen die künstlerische Darstellung der Shoah, insbesondere die poetische, die als problematisch präsentiert wird: man fragt sich, ob die ästhetisch polierte Form geeignet sei, das Grauen der Shoah wiederzugeben. Im Grunde, so Klüger in ihrem Aufsatz *Lyrik und der Holocaust,* fragt

---

Konsequenzen sowie mit der Kritik des kapitalistischen Wirtschaftssystems. Er ist einer der Begründer und Hauptvertreter der Frankfurter Schule.

258 Petra Kiedaisch: *Lyrik nach Auschwitz? Adorno und die Dichter,* Stuttgart: Reclam 1995, S. 13. Aus diesem Buch, das u.a. die Schriften Adornos bezüglich seines Diktums über Lyrik nach Auschwitz sammelt, wird im folgenden Adorno zitiert.
259 Theodor W. Adorno: „Kulturkritik und Gesellschaft". In: Petra Kiedaisch: *Lyrik nach Auschwitz,* S. 27–49, hier S. 49.
260 Elisabeth H. Debazi: *Zeugnis – Erinnerung – Verfremdung,* S. 31.

man sich dabei, „ob man Spaß haben darf am Massenmord." Klüger erklärt dann weiter: „Denn das ästhetische Empfinden ist ja eine Art ‚Spaß' [...], ein Vergnügen, vor dem man, wenn es um katastrophale Inhalte geht, vielleicht besser zurückschrecken sollte"[261].

In einem späteren Aufsatz Adornos, *Meditationen zur Metaphysik*, findet sich eine Präzisierung bzw. Einschränkung seiner These:

> Das perennierende Leiden hat soviel Recht auf Ausdruck wie der Gemartete zu brüllen; darum mag falsch gewesen sein, nach Auschwitz ließe keine Gedicht mehr sich schreiben. Nicht falsch ist aber die minder kulturelle Frage, ob nach Auschwitz noch sich leben lasse, ob vollends es dürfe, wer zufällig entrann und rechtens hätte umgebracht werden müssen. Sein Weiterleben bedarf schon der Kälte, des Grundprinzips der bürgerlichen Subjektivität, ohne das Auschwitz nicht möglich gewesen wäre: drastische Schuld der Verschonten.[262]

Diese Revision Adornos bleibt in der Diskussion aber meist unbeachtet, und die zahlreichen Reaktionen konzentrieren sich auf seine erste These, die schnell zur einschlägigen Formel wurde.[263]

Gerade als Formel wird sie in einem Interview auch Levi präsentiert, und der italienische Autor nimmt eine klare Stellung gegen das Verbot, Gedichte über Auschwitz zu schreiben (als ein solches Verbot wird ihm die These Adornos vom Interviewer Giulio Nascimbeni nämlich vorgestellt):

> La mia esperienza è stata opposta. Allora mi sembrò che la poesia fosse più idonea della prosa per esprimere quello che mi pesava dentro. [...] In quegli anni, semmai, avrei riformulato le parole di Adorno. Dopo Auschwitz non si può più fare poesia se non su Auschwitz.[264]

---

261 Ruth Klüger: „Lyrik und der Holocaust am Beispiel von drei Gedichten". In: Mirelle Tabah: *Gedächtnis und Widerstand*, S. 171–178, hier S. 174.
262 Theodor W. Adorno: „Meditationen zur Metaphysik". In: „Negative Dialektik". In: Kiedaisch: *Lyrik nach Auschwitz?* S. 55–63, hier S. 57.
263 Vgl. Kiedaisch: *Lyrik nach Auschwitz?*, S. 16.
264 Primo Levi in: Giulio Nascimbeni: „Levi: L'ora incerta della poesia". In: *Corriere della Sera*, 28.10.1984. Jetzt in: Primo Levi: *Conversazioni e interviste 1963–1987*, S. 136.141, hier S. 137. „Meine Erfahrung steht dem entgegen. Damals schien mir, daß Lyrik geeigneter sei als Prosa, um das auszudrücken, was mich innerlich

Levi bezieht sich in diesem Zitat auf die Jahre gleich nach seiner Rückkehr aus Auschwitz, als die Abfassung von Gedichten einen wichtigen Teil der Verarbeitung seiner Erlebnisse bildete.

Eine bedeutende Rolle in der eigenen Verarbeitung der Shoah spielt die Abfassung von Gedichten auch bei Klüger, wie schon im ersten Kapitel dieser Arbeit festgestellt werden konnte.[265] Von ihrer persönlichen Erfahrung ausgehend wendet sich Klüger in ihren Erinnerungen gegen Adorno und die „Experten in Sachen Ethik, Literatur und Wirklichkeit, die fordern, man möge über, von und nach Auschwitz keine Gedichte schreiben" (WL, S. 127). Solcher Auffassung können nur Leute sein, „die die gebundene Sprache entbehren können, weil sie diese nie gebraucht, verwendet haben, um sich selig über Wasser zu halten" (WL, S. 127). Aber nicht nur die Rolle der Gedichte in der persönlichen Verarbeitung der Überlebenden würden solche „Experten" verkennen, sondern auch ihre Bedeutung für die Leser:

> Statt zu dichten möge man sich nur informieren, heißt es, also Dokumente lesen und ansehen – und das gefaßten, wenn auch betroffenen Mutes. Und was sollen sich Leser oder Betrachter solcher Dokumente dabei denken? Gedichte sind eine bestimmte Art von Kritik am Leben und könnten ihnen beim Verstehen helfen. Warum sollen sie das nicht dürfen? (WL, S. 127)

In dieser stark dialogisch geprägten und teilweise polemischen Stellungnahme zum Diktum Adornos, die nicht zufällig in der Mitte von *weiter leben* steht,[266] greift Klüger vor allem die Nachfolger Adornos an, die das Thema in einen „brennende[n] Dornbusch auf heiligem Boden, nur mit nackten Füßen und unterwürfiger Demut zu betreten" (WL, S. 127) verwandelt haben. Sie stellt dem Leser und diesen potentiellen Gesprächspartnern mehrere Fragen, die zu

---

belastete. [...] In jenen Jahren hätte ich allenfalls Adornos Worte umformuliert: Nach Auschwitz kann man keine Gedichte schreiben außer über Auschwitz." Primo Levi in: Giulio Nascimbeni: „Levi: Die ungewisse Stunde der Dichtung". In: Primo Levi: *Gespräche und Interviews*, S. 123–129, hier S. 124f.
265 Vgl. das Kapitel 1.2 dieser Arbeit.
266 Vgl. WL, S. 127f, andere Verweise auf Adorno finden sich u.a. auf der Seite 38.

der oben zitierten hinzukommen: „Und was ist das überhaupt für ein Dürfen und Sollen? Ein moralisches, ein religiöses? Welchen Interessen dient es? Wer mischt sich hier ein?" (WL, S. 127)

Während ihre Beziehung zur These Adornos in *weiter leben* polemisch geprägt ist, weil sie sich gegen deren Erstarrung als verbietende Formel wehrt und die Leser zur Auseinandersetzung auffordern möchte, ist der Verweis auf Adorno in Klügers Aufsatz *Lyrik und der Holocaust* milder und differenzierter. Hier formuliert die Autorin die These Adornos als Frage, ob „sich Lyrik und unsere Erfahrung des Holocaust überhaupt vereinigen lassen"[267]. Es handelt sich dabei nach Klüger um „eine gute Frage [...], die sich nicht so leicht beantworten lässt und ins Wesen der Lyrik selbst eindringt"[268]. Denn normalerweise interessiert uns in der Lyrik eher die Form als der Inhalt, und wir suchen nicht nach deren Wirklichkeit, sondern „nach Wortwitz, nach Musikalität, nach Strukturen und Metaphern, nach Schönheit"[269]. In der Lyrik, die sich mit der Shoah beschäftigt, tritt aber der Inhalt in den Vordergrund und der ästhetische Standpunkt in den Hintergrund, sodass die Leser der polierten Form gegenüber misstrauisch sind, in der sich die Beschäftigung mit der Shoah ausdrückt. Dieses Misstrauen gilt besonders für die Dichtung, wo die Form eine vorrangige Rolle spielt, wird aber der literarischen Gestaltung der Shoah im Allgemeinen zugesprochen, weil

> lyrisches Dichten, theatralische Inszenierung und romanhaftes Erzählen die Tendenz mit sich bringen, eine Aura des Sinnhaften zu erzeugen und damit den Schrecken des Völkermordes gewissermaßen still zu stellen.[270]

Obwohl dieses Misstrauen verständlich ist, bedroht es die Erinnerung an die Shoah: „Darüber hinaus verdammt das Misstrauen gegen den literarischen Umgang mit den Massenmord diesen zum Vergessen, zumindest zum ungenügenden Erinnern"[271]. Außerdem sind Deutungen des Geschehen für den

---

267 Ruth Klüger: „Lyrik und der Holocaust", S. 171.
268 Ebenda.
269 Ebenda.
270 Michael Hofmann: *Literaturgeschichte der Shoah*, S. 21.
271 Ruth Klüger: „Dichten über die Shoah", S. 214.

Umgang mit der Shoah notwendig, und wenn man auf literarische Deutungen verzichtet, verzichtet man auf die „bessere, differenziertere Deutung [...], nicht aber [auf] die Deutung schlechthin"[272], denn Dokumente sprechen nicht von sich selbst und müssen immer interpretiert werden.

Für einen ertragreichen Umgang mit der Shoah und eine lebendige Erinnerung, was ein Hauptanliegen sowohl der Überlebenden, die deshalb Zeugnis ablegen, als auch Adornos ist,[273] soll die These Adornos dialogisch aufgegriffen werden, als Frage, als Denkanlass[274] um sich bewusster mit der Shoah auseinanderzusetzen:

> Was *nach* Auschwitz zu einer Unmöglichkeit wurde, ist, Gedichte so zu schreiben, wie man das *zuvor* tat, weil dieser Zivilisationsbruch den Gehalt der Worte, das Material der dichterischen Schöpfung selbst verändert hat, das Verhältnis der Sprache zur Erfahrung. Das nötigt uns, die moderne Welt im Licht jener Katastrophe neu zu denken, von der sie für alle Zeit gezeichnet worden ist.[275]

3.5. Paul Celan, *Todesfuge*

Im Diskurs um die (Un)Möglichkeit einer literarischen Verarbeitung der Shoah wird immer wieder Paul Celans[276] Gedicht *Todesfuge*[277] als

---

272 Ebenda.
273 Vgl. Adorno: „Meditationen zur Metaphysik", S. 60: „Hitler hat den Menschen im Stande ihrer Unfreiheit einen neuen kategorischen Imperativ aufgezwungen: ihr Denken und Handeln so einzurichten, daß Auschwitz nicht sich wiederhole, nichts Ähnliches geschehe".
274 Vgl. Sascha Feuchert: *Ruth Klüger*, S. 26.
275 Enzo Traverso: *Auschwitz denken*, S. 183.
276 Paul Celan (1920–1970, Freitod) war deutschsprachiger Lyriker und Schriftsteller. Er verlor während der Shoah seine Familie, die im KZ ermordet wurde, während ihm die Flucht aus einem Arbeitslager gelang. Sein 1945 verfasstes Gedicht *Todesfuge* ist vielleicht das am meisten zitierte und abgedruckte Gedicht über die Shoah (vgl. Sascha Feuchert: *Ruth Klüger*, S. 68).
277 Paul Celan: „Todesfuge" (1945). In: Paul Celan: *Werke*. Historisch-kritische Ausgabe. 2./3. Band. Frankfurt a.M.: Suhrkamp 2003, S. 65f.

Gegenbeweis zu Adornos ‚Verbot' genannt.[278] Auch Klüger bezieht sich im oben zitierten Aufsatz über das Verhältnis von Lyrik und Holocaust auf Celan und sieht gerade in der formalen Vollendung des Gedichtes den Brennpunkt der Frage nach der Möglichkeit einer literarischen Verarbeitung der Shoah, nämlich insofern, ob die Schönheit ein angemessener Ausdruck von Trauer sein kann. Das sei ein

> Vorwurf, der die Form für den Inhalt verantwortlich macht und dem gelungenen und anrührenden Text die Berechtigung abstreitet, weil er befriedigend wirkt, wo wir, vom moralischen Standpunkt, nicht befriedigt werden sollten.[279]

Auch in *weiter leben* setzt sich Klüger mit Celan und seinem berühmten Gedicht auseinander, sowohl indirekt als auch explizit. Im ersten Fall handelt es sich um eine Anspielung: Als Klüger von dem SS-Mann berichtet, der die Selektion führt, nennt sie diesen „Meister aus Deutschland" (WL, S. 134) und bezieht sich damit auf die Figur des SS-Mannes in Celans *Todesfuge*. Im zweiten Fall dient Celan als Beispiel für die Hochstilisierung der Dichter und Autoren der Shoah, die Klüger stark kritisiert, weil sie einen vernünftigen Umgang mit dem Thema verhindert. Die Autorin berichtet dabei von der entsetzten Reaktion, die eine Parodie Celans verursacht hat:

> Ich verfasse eine harmlose Parodie auf ein abstruses Gedicht von Celan. Leute, die ich noch nie schockiert habe, sind schockiert. Über Gott und Goethe darf man lästern, der Autor der Todesfuge ist unantastbar. Und nicht etwa, weil er ein so guter Dichter ist, das war Goethe ja auch. (WL, S. 128)

Auch Levi begibt sich in einen Dialog mit Celan, dessen Undurchschaubarkeit er kritisiert. Wie schon angedeutet ist das Schreiben und die Literatur für den italienischen Autor vor allem eine Möglichkeit der Kommunikation und daher steht er einem Dichter, der kryptisch und finster in seinem Dichten ist, skeptisch gegenüber:

> Scrivere poesia per tutti sfiora l'utopia, ma provo diffidenza per chi è poeta per pochi, o solo per se stesso. Scrivere è un trasmettere; che dire se il messaggio è

---

278 Vgl. Ruth Klüger: „Lyrik und der Holocaust".
279 Ruth Klüger: „Lyrik und der Holocaust", S. 174.

cifrato e nessuno conosce la chiave? Si può rispondere che trasmettere quel certo messaggio, e in quel modo specifico, era necessario all'autore, anche se inutile al resto del mondo.[280]

Nichtsdestoweniger befindet sich Celan, insbesondere seine *Todesfuge*, unter der Lektüren, die Levi für sich wichtig hält und die er in *La ricerca delle radici* veröffentlicht.

Levi beschäftigt sich ebenso mit Celan, wenn er einen Aufsatz über das undurchschaubare Schreiben verfasst.[281] Dort stellt er seine eigene Theorie des Schreibens als Kommunikation dar und vertieft die Analyse der Undurchschaubarkeit der Dichtung Celans:

> Si percepisce che il suo canto è tragico e nobile, ma confusamente: penetrarlo è un'impresa disperata, non solo per il lettore generico, ma anche per il critico. L'oscurità di Celan non è disprezzo del lettore né insufficienza espressiva né pigro abbandono ai flussi dell'inconscio: è veramente un riflesso dell'oscurità del destino suo e della sua generazione, e si va addensando sempre più intorno al lettore, stringendolo come in una morsa di ferro e gelo, dalla cruda lucidità di *Fuga di morte* (1945) al truce caos senza spiragli delle ultime composizioni.[282]

---

280 Primo Levi: *La ricerca delle radici*, S. 211. „Dichtung für alle zu schreiben ist fast utopisch, aber ich fühle Misstrauen demjenigen gegenüber, der Dichter nur für wenige oder nur für sich selbst ist. Schreiben ist Mitteilen. Was, wenn die Nachricht verschlüsselt ist und niemand den Schlüssel kennt? Man kann antworten, dass eine solche Nachricht mitzuteilen, und das auf jene besondere Weise, für den Autor notwendig war, wenn auch nutzlos für den Rest der Welt." Dt. Übersetzung von mir.

281 Primo Levi: „Dello scrivere oscuro". In: Primo Levi: *L'altrui mestiere*. Torino: Einaudi 1985. Jetzt in: Primo Levi: *Opere*. Volume Terzo. Einaudi: 2006, S. 633–639.

282 Primo Levi: „Dello scrivere oscuro", S. 637. „Man ahnt, dass sein Gesang tragisch und edel ist, aber auf unklare Weise: Darin einzudringen ist eine hoffnungslose Aufgabe, nicht nur für den Leser, sondern auch für den Kritiker. Die Undurchschaubarkeit Celans ist weder Missachtung des Lesers, noch mangelhafter Ausdruck, noch träges Sich-Hingeben den Strömen des Unbewussten. Es ist in der Tat eine Spiegelung der Finsternis seines Schicksals und des Schicksals seiner Generation, und es wird immer finsterer um den Leser, und er wird dabei in eine Zange aus Eisen und Frost genommen, von der schroffen Luzidität der *Todesfuge* (1945) zum finsteren Chaos der letzten Gedichte". Dt. Übersetzung von mir.

3.6. *Holocaust* und *Shoah*: die filmische Darstellung der Shoah

Eine weitere Problematik, die im Kontext der Shoah-Literatur eine große Rolle spielt, ist die Frage nach der möglichen Art einer filmischen Darstellung der Shoah. Denn die filmische Darstellung radikalisiert mehrere Fragestellungen, die schon in der schriftlichen Shoah-Literatur vorkommen. Dies betrifft zum Beispiel die Frage der Darstellbarkeit der Shoah, wie man die Realität der Lagerwelt wiedergeben kann und ob es überhaupt sinnvoll ist, eine so schwer vorstellbare Realität wiederzugeben. Das Problem der unzulänglichen Sprache, mit gewöhnlichen Wörtern die Realität der KZs wiederzugeben, spitzt sich in der filmischen Darstellung zu, indem in Frage gestellt wird, ob die Bilder – von den wirklichen Orten der Shoah, wie sie heute sind, oder von Rekonstruktionen, wie sie waren – in der Lage sind, auch nur eine Ahnung von jener Welt wiederzugeben. Die filmische Darstellung radikalisiert auch das für Klüger und Levi wichtige Problem der Identifikation: Noch mehr als in einem Text identifiziert sich der Zuschauer eines Films mit den Protagonisten. Das kann dann zu einer gesteigerten Gefahr der Identifikation mit den Überlebenden führen, was eher in eine Katharsis als in eine Reflexion über die Shoah mündet. Problematisch im filmischen Umgang mit der Shoah ist auch das Verhältnis zur faktischen Wahrheit. Wenn sich die Filme über die Shoah Freiheiten gegenüber dem Geschehen herausnehmen, wird diese Wahl oft einerseits mit dem Argument der Kunstfreiheit verteidigt, andererseits wird sie geduldet, weil die Shoah durch Filme einem größeren Publikum ins Bewusstsein gerufen wird. Die Shoah ist jedoch kein gewöhnliches künstlerisches Thema, und die Shoah-Literatur, einschließlich die filmische Darstellung, ist aus dem Drang der Überlebenden entstanden, Zeugnis über das Erlebte abzulegen, und behält daher auch als künstlerischer Ausdruck einen Zeugnischarakter. Obwohl es sinnvoll und nötig ist, Kunstwerke als solche und nicht als Dokumente zu betrachten, ist es ebenfalls sinnvoll und nötig, dies auch im Kontext der Shoah-Literatur zu machen und deren einzigartigen Charakter zu berücksichtigen. Das gilt vor allem dann, wenn die Filme – auch wenn sie fiktionalen Charakter haben – als historische Quellen rezipiert werden oder Wahrheitsansprüche erheben. Dies trifft zum Beispiel auf Steven Spielbergs Film *Schindler's List*[283] zu, der mehr als Dokument eingeführt wird denn als fiktionale filmische Gestaltung. Der Regisseur selbst sieht sein Werk als Dokument und sich in seiner Rolle als Zeugen (obwohl er nach dem Krieg geboren wurde) statt als Regisseur; Die Produzenten veröffentlichen und vertreiben den Film in den amerikanischen Schulen als Teil eines ‚Education Pack', was zweifellos eine beabsichtigte Rezeption des Films als historischen Quelle zeigt.[284]

Auch der große Erfolg mancher Filme über die Shoah wird immer wieder als Rechtfertigung angeführt. Im Hinblick auf die wichtige Rolle, die diese Filme für ein gesteigertes Bewusstsein des Massenpublikums bezüglich der Shoah gespielt haben,[285] so lautet die These, sollen Vereinfachungen und Ungenauigkeiten geduldet werden. Viele Autoren und Wissenschaftler weigern sich jedoch, alle kulturellen Produkte über die Shoah undifferenziert und dankbar zu akzeptieren, nur weil sie zur Erinnerung an die Shoah beitragen. Unter ihnen finden sich Shoah-Überlebende wie Imre Kertesz, Elie Wiesel und auch Ruth Klüger, die sich gegen die Trivialisierung auch im Film wehrt.

Mit der filmischen Darstellung der Shoah setzen sich sowohl Klüger als auch Levi konsequent auseinander und behalten auch dabei den dialogischen Ansatz bei. Levi versucht bei seiner Filmanalyse das große Publikum in die Diskussion über die geeignete Weise, die Shoah darzustellen, mit einzubeziehen. Klüger verknüpft ihre Überlegungen mit ihren Erinnerungen und lädt den Leser ein, an ihren Reflexionen teilzunehmen. In mehreren Aufsätzen analysiert sie verschiedene Filme und versucht, die Leser zu einer kritischen Auseinandersetzung herauszufordern.

Der Film, gegen den Klüger sich am härtesten ausspricht, ist die amerikanische TV-Serie *Holocaust*, die, wie schon angedeutet,[286] den Anfang der Beschäftigung des Massenpublikums mit der Shoah bildet. In der Miniserie, die 1978 in den USA und 1979 in Deutschland ausgestrahlt wurde, geht es um das Schicksal zweier Familien, einer Nazifamilie und einer jüdischen Familie in

---

283 *Schindler's List*, USA 1993, Regie: Steven Spielberg, Drehbuch: Steven Zaillian.
284 Vgl. Tim Cole: „‚The Holocaust Industry'?", S. 49.
285 Vgl. das Kapitel 2.3 dieser Arbeit.
286 Vgl. das Kapitel 2.3 dieser Arbeit.

den Hitlerjahren. Durch die Erlebnisse der verschiedenen Familienmitglieder werden die einzelnen Etappen der Shoah nachvollzogen.

In ihrem Aufsatz *Der Gartenzwerg und das Goldene Kalb*[287] definiert Klüger die Serie als „Kitsch, also verlogene Kunst, doch im Dienst einer guten Sache"[288]. Trotz der guten Absicht und des Beitrags zur Bewusstwerdung der Shoah könne diese verlogene Darstellung nicht akzeptiert werden:

> Alles, was an historischem Material verwendbar war, wurde in einen Topf geworfen, alles war da, und nichts stimmte außer den gröbsten Fakten. Es war Kitsch. Von dieser Serie wurde behauptet, sie hätte das Bewußtsein vieler Menschen sowohl in Deutschland wie in Amerika für den Holocaust gestärkt oder überhaupt erst geweckt und dadurch beachtliches geleistet. Unter solchen Umständen, so lautet das Argument zur Verteidigung der Serie, wird das ästhetische Urteil hinfällig, feinschmäcklerisch. Ist es nicht egal, wie wir einen solchen Film benoten, wenn er nur die gewünschte Wirkung hat? Egal ist es bestimmt nicht. Wenn ich um der Wahrheit willen lüge, so wird deshalb aus der Lüge keine Wahrheit.[289]

In einem anderen Aufsatz, *Dichten über die Shoah*, kritisiert Klüger die primitiven, psychologisierenden Begründungsversuche für das Verhalten der Protagonisten:

> Alles Schwierige, Problematische wird auf den einfachsten Nenner gebracht. Die Juden emigrieren nicht rechtzeitig, weil ihre Frauen die deutschen Lieder so lieben; die Deutschen ihrerseits treten der SS bei, weil ihre Frauen ehrgeizig sind, alles geht auf in einem Brei von Trivialpsychologie, und nichts ist so entsetzlich, daß es nicht noch einen hohen Unterhaltungswert hätte.[290]

Das wiederum führe zu Sentimentalität und weg von der kritischen Auseinandersetzung, die Klüger sich für das Publikum wünscht:

> [Der hohe Unterhaltungswert] erlaubt dem Beschauer, seinen Gefühlen freien Lauf zu lassen und sich in seiner eigenen Sensibilität und Gutherzigkeit wiederzuerkennen.

---

287 Ruth Klüger: „Der Gartenzwerg und das Goldene Kalb". In: Ruth Klüger, *Von hoher und niederiger Literatur*, S. 29–51.
288 Ebenda, S. 50.
289 Ebenda.
290 Ruth Klüger: „Dichten über die Shoah", S. 213.

> Das heißt: alle etwaigen Denkprobleme, die uns das einzigartige Phänomen der Shoah stellt, lösen sich glatt auf in einer Buttersauce von Sentimentalität.[291]

Klüger schließt dann ihre Überlegung mit der Ablehnung der Information um jeden Preis:

> Wer die Verbreitung von Information in jeder Verpackung gutheißt, wird sich über den Erfolg des Films freuen. Doch darf man darüber nicht vergessen, daß er nicht nur Geschichte, sondern auch fragwürdige Sensationen vermittelte.[292]

Levi beschäftigt sich ebenfalls mit der amerikanischen Fernsehserie und seine Analyse weist mehrere Parallele mit derjenigen von Klüger auf. Sein Urteil fällt jedoch milder aus als das von Klüger, was auch damit zu tun haben kann, dass Klüger sowohl in *Dichten über die Shoah* als auch in *Von hoher und niedriger Literatur* für ein spezialisiertes Publikum der Shoah-Literatur schreibt, während Levi sich dem breiten Publikum widmet. Dies bedeutet zum einen, dass er somit mehr als Klüger den positiven Effekt des gesteigerten Bewusstseins hervorhebt und zum anderen, dass es ihm auch darum geht, die Leser der Zeitungen, in denen er seine Analysen veröffentlicht, über den Film zu informieren und ihnen eine kritische Rezeption zu ermöglichen.

Deshalb erklärt Levi den womöglich unbedachten Lesern zunächst, wie heikel der Bereich der filmischen Darstellung der Shoah sein kann und wie schnell diese für effekthascherische Darstellungen missbraucht werden kann:

> Questa [esperienza] è stata così singolare, così fuori dalla misura umana, da costituire una pericolosa tentazione per molti autori in cerca di materia prima da cui ricavare letteratura o spettacolo, o peggio da trasformare in una esibizione di orrori: sono cose nostre [dei testimoni di quel tempo, n.d.r.], intime, e ci dà disagio vederle manomesse.[293]

---

291 Ebenda.
292 Ebenda, S. 213f.
293 Primo Levi: „Perché non ritornino gli olocausti di ieri (le stragi naziste, le folle e la Tv)". In: *La Stampa*, 20.05.1979. Jetzt in: Primo Levi: *L'asimmetria e la vita*, S. 81–84, hier S. 81. „Diese [Erfahrung] war so einzigartig, jenseits menschlicher Maßstäbe, dass sie eine gefährliche Versuchung für Autoren bildet, die auf der Suche nach Rohstoff für Literatur oder Schauspiel, oder schlimmer, für eine Ausstellung von Schrecken sind.

Levi sieht das Hauptproblem des Films in der extremen Vereinfachung,[294] was zu einer ungenauen Darstellung führt, die, wie auch Klüger ihrerseits bemerkt hat, den historischen Hintergründen nicht gerecht wird: "È [...] insufficiente, o inadeguato, lo spessore storico della vicenda"[295]. Insgesamt kommt er jedoch zu einem positiven Urteil und spricht dem Film eine gute Absicht und auch angemessene Vorhaben und Ergebnisse zu:

> Il filmato è decoroso e quasi per intero di buon livello, e soprattutto [...] non abusa del materiale incandescente su cui è stato costruito: gli autori hanno conosciuto la misura, e non hanno ceduto alle sollecitazioni del macabro, del turpe e dell'orrido, benché l'orrido, notoriamente, "paghi".[296]

Ein anderer positiver Aspekt ist für Levi, dass *Holocaust* „il tratto unico della persecuzione nazista"[297] erkannt hat, nämlich die Vernichtungslogik der Nazis den Juden gegenüber. Und schließlich solle man bei der Auswertung des Films auch die Rezeption dieses in Betracht zu ziehen. Der Film, merkt Levi an, hat eine aktive Teilnahme in den Zuschauern bewirkt, die sie zur Beschäftigung mit der Shoah angeregt hat. Nach jeder Folge haben die Sender tausende Anrufe und Briefe von Zuschauern bekommen, die sich empörten und Fragen stellten.[298]

Es sind Dinge, die uns [den Zeitzeugen, Anm. d.Verf.] gehören, intime Dinge, und es ist uns unbehaglich, sie aufgebrochen zu sehen". Dt. Übersetzung von mir.

294 Vgl. Ebenda, S. 81f.
295 Primo Levi: „Le immagini di «Olocausto»". In: *Speciale del Radiocorriere Tv*, maggio 1979. Jetzt in: Primo Levi: *L'asimmetria e la vita*, S. 85–94, hier S. 87. „die historische Fundiertheit ist unzureichend, oder unzutreffend". Dt. Übersetzung von mir.
296 Ebenda. „Der Film ist würdevoll und im Ganzen von gutem Niveau, und vor allem [...] nutzt er nicht das glühende Material aus, aus dem er sich konstituiert. Die Autoren sind maßvoll geblieben und haben den Versuchungen des Makaberen, des Unanständigen und des Schrecklichen nicht nachgegeben, obwohl das Schreckliche bekanntlich sehr einnehmend ist". Dt. Übersetzung von mir.
297 Ebenda, S. 89. „das eigentliche Merkmal der nationalsozialistischen Verfolgung". Dt. Übersetzung von mir.
298 Vgl. ebenda, S. 87. In der Tat erhielten die Anstalten annähernd 25000 Anrufe während der Sendungen oder unmittelbar danach, und 15000 Briefe seitens der Zuschauer, vgl. Matthias Weiss: „Sinnliche Erinnerung. Die Filme »Holocaust« und »Schindlers

Eine aktive Teilnahme bemerkt Klüger hingegen bei den Zuschauern des Films *Shoah*[299] des französischen Regisseurs Claude Lanzmann. Dieser Film ist im Gegensatz zur Fernsehserie *Holocaust* kein Spielfilm, sondern ein Dokumentarfilm, zusammengestellt aus Interviews mit Tätern, Opfern und Mitläufern, sowie Besuchen zu den Orten der Shoah:

> *Shoah* ist Interviews, Gesichter und Stimmen der Opfer und der Schergen und der Mitläufer und Mitwisser, lautstarke Erinnerungen und Aufnahmen von Auschwitz und Treblinka und Chelmo (Kulmhof), wie diese Stätten jetzt sind, wenn nur noch Wörte und keine Bilder sie so zeigen können, wie sie damals waren.[300]

Klüger berichtet in dem Aufsatz *Claude Lanzmanns* Shoah *in New York* von der Vorführung des Films in einem New Yorker Kino. Unter anderem analysiert sie die ungewöhnliche Reaktion des Publikums. Die Zuschauer reagieren auf die Interviews, lachen, zischen, diskutieren miteinander, nehmen also an den Interviews teil: „Sie weigern sich, passiv zu bleiben, als ob das Gewicht dieser kollektiven Erinnerung zu schwer wäre, als daß man es allein und ohne die anderen ertragen könnte"[301]. Diese aktive Teilnahme ist vom Regisseur durchaus gesucht und nähert Lanzmann dadurch Klügers dialogischem Ansatz an, denn beide versuchen, das Publikum in die Reflexion über die Shoah mit einzubeziehen. Die Wirkung selbst dieses außergewöhnlichen Films hängt von dieser aktiven Teilnahme ab: „*Shoah* wirkt, wenn wir unsere Erinnerungen und eben auch unseren Widerstand ins Spiel bringen. Für Information und Aufklärung sind Bücher eine bessere Quelle"[302]. Denn Lanzmann überlässt dem Zuschauer (wie zu seiner Zeit Levi) die Aufgabe, das Erzählte und das Dargestellte zu beurteilen:

> *Shoah* zieht uns mehr ins Dargestellte hinein, als das gedruckte Wort es vermag, und überwältigt uns weniger als Dokumentarfilme, die die Lager in ihrem ursprünglichen Zustand zeigen. Lanzmann zwingt uns geradezu, das, was er uns zeigt,

---

Liste« in der bundesdeutschen Vergegenwärtigung der NS-Zeit". In: *Beschweigen und Bekennen. Die deutsche Nachkriegsgesellschaft und der Holocaust.* Hrsg. von Norbert Frei und Sybille Steinbacher. Göttingen: Wallstein 2001, S. 71–102, hier S. 75.
299 *Shoah*. Frankreich 1985. Regie: Claude Lanzmann.
300 Ruth Klüger: „Lanzmanns *Shoah* in New York", S. 9.
301 Ebenda, S. 12.
302 Ebenda, S. 18.

zu beurteilen, einschließlich seiner eigenen hartnäckigen Interview-Methoden, und schafft dadurch eine Art interaktives Kino, oder zumindest die Illusion eines solchen.[303]

Dadurch wird auch von Lanzmann eine aktive und mitdenkende Reflexion über die Shoah gefordert, wie Klüger am Ende ihres Aufsatzes erkennt:

> Damals [in den Nachkriegsjahren, Anm. d. Verf.] hieß es: Vergiß, vergiß! Heute sagt der Film Shoah: Schaut zurück auf das Eismeer, schaut zurück auf das Feuer! Entsetzt euch, aber erstarrt nicht. Hütet das Leben, fragt, wer ihr seid.[304]

Nicht nur von der Reaktion der anderen Zuschauer berichtet Klüger, sondern auch von ihrer eigenen, wie sie sich während des Films in einen direkten Dialog mit dem Regisseur und mit den Interviewten setzen wollte:

> Diesmal wende ich mich gleich an Lanzmann [...] So muß ich diese zwei Männer, die da oben auf der Leinwand miteinander reden, darüber aufklären, als gäbe es keine Grenze mehr zwischen Darsteller und Zuschauer.[305]

Sie analysiert außerdem den Film selbst und seine Besonderheiten, wie zum Beispiel die hartnäckigen Interview-Methoden, mit denen Lanzmann das Interview weiterführt, auch wenn der Takt eine Pause verlangen würde, oder der Einsatz von Verlangsamung und Wiederholung als Denkpausen, die das Kino sonst nur selten bietet. Darüber hinaus ermöglichen die teilweise heimlich gefilmten Interviews ehemaliger Täter und Mitläufer einen „weitaus intimeren Einblick in die Innenwelt der Schuldigen, als das gedruckte Wort es vermittelt."[306]

Besonders mit Lanzmanns Poetik des *spiritus loci* setzt sich Klüger in Dialog, denn das ist der Punkt, wo ihre Poetik sich am meisten von der Lanzmanns unterscheidet.[307] Während für Lanzmann die Orte der Shoah, wie sie jetzt sind, eine große Rolle in der Erinnerung spielen, selbst wenn sie mittlerweile „Nicht-Orte

---

303 Ebenda, S. 14.
304 Ebenda, S. 27.
305 Ebenda, S. 13, vgl. auch S. 14.
306 Ebenda, S. 24.
307 Das tut sie sowohl in ihrem Aufsatz „Lanzmanns *Shoah* in New York" als auch in ihren Erinnerungen, wenn sie die Museumskultur kritisiert (vgl. WL, S. 76ff und das Kapitel 2.3 dieser Arbeit).

der Erinnerung"[308] sind, ist dies für Klüger nicht der Fall, denn die heutigen Gedenkstätten haben ihrer Meinung nach nichts mehr mit den KZs gemeinsam:

> Ich glaube nicht, daß zurückkehren hilft. Lanzmann glaubt's. Mir fehlt der Sinn für den *spiritus loci*, der die Grundlage der Museumskultur bildet […]. […] Keine Landschaft, habe ich immer geglaubt, bewahrt die Erinnerung daran, was auf ihrem Boden geschah, denn die Steine reden nicht. Lanzmann glaubt, dass sie reden.[309]

Die Orte mögen vielleicht nicht selbst reden, sie geben aber wohl Anlass zum Reden und zum Nachdenken über die Shoah, wie es im 2012 erschienenen Dokumentarfilm *Das Weiterleben der Ruth Klüger*[310] deutlich wird. In diesem Film begleitet Renata Schmidtkunz Ruth Klüger bei einem Besuch der wichtigsten Stationen des Lebens der Literaturwissenschaftlerin und Überlebenden der Shoah (Die Unterteilung in vier Stationen erinnert an die Struktur von *weiter leben*). Nicht nur die Orte, die ihr Leben geprägt haben, werden besucht, wie Wien, Göttingen und Kalifornien, sondern auch jene, die es hätten tun können: Das KZ Bergen-Belsen, wohin sie transportiert worden wäre, hätte sie nicht die Flucht ergriffen, und Israel, das ihre Heimat hätte werden können.[311] An diesen wichtigen Orten reflektiert Klüger, wie in ihren Schriften, nüchtern und schonungslos gegenüber sich selbst und den anderen über ihr (Weiter-)Leben und über die Herausforderungen und Probleme der Vergangenheitsbewältigung. Auch der Alltag, die Unsicherheiten, die Schwierigkeiten im Verhältnis zu ihren Söhnen werden mit aufgenommen. Es wird dabei auch in den emotional schwierigeren Momenten wie beim Besuch des KZs oder der Wiener Gassen auf jegliches Pathos oder Eingreifen der Regisseurin verzichtet: Interessant ist aber anzumerken, dass die Regisseurin gerade beim Besuch des KZs das erste und einzige Mal vor die Kamera tritt und eine Rolle als unterstützende Freundin übernimmt.[312]

---

308 Claude Lanzmann, zitiert nach Michael Bachmann: *Der abwesende Zeuge. Autorisierungsstrategien in Darstellungen der Shoah*. Tübingen: Francke 2010, S. 212.
309 Ruth Klüger: „Lanzmanns *Shoah* in New York", S. 10.
310 *Das Weiterleben der Ruth Klüger*, Österreich 2012. Regie: Renata Schmidtkunz.
311 Sie sagt im Film: „Israel, das ist nicht mein Land. Das ist absolut nicht mein Land. Ich hätte nur ganz gerne, es wäre mein Land geworden".
312 Klüger duzt sie in diesem Kontext auch.

Schlussbetrachtungen: Levi, Klüger und der Dialog

Die Analyse des Dialogs bei Levi und Klüger zeigt, dass der Dialog für beide Autoren eine einheitliche Strategie der Auseinandersetzung mit der Shoah bildet. Sie greifen immer wieder auf den Dialog zurück, um sich auf diese Weise der Besonderheiten und Probleme im Umgang mit der Shoah anzunehmen. Schon in den Jahren der Gefangenschaft in den KZs hilft eine dialogische Haltung den Autoren, zunächst die Funktionsweise des Lagerlebens zu verstehen, und dadurch das eigene Überleben zu sichern, und dann auch auf einer geistigen Ebene, durch das Gespräch mit den anderen Häftlingen und durch den Dialog mit der Literatur, das eigene Menschsein zu bewahren. Aber auch später ist der Dialog wichtig, um das Geschehene verständlicher zu machen. Die Überlebenden fragen sich, warum die Shoah stattgefunden hat, wie sie überhaupt im zivilisierten Europa des zwanzigsten Jahrhunderts hat stattfinden können. Klüger und vor allem Levi versuchen, durch den Dialog Antworten auf diese Fragen zu finden. Der Versuch zu begreifen wird im Dialog mit den Deutschen am deutlichsten, der sowohl bei Levi als auch bei Klüger sehr fruchtbar ist und zur Erweiterung der Kenntnisse beider Gesprächspartner führt, wie es dem Dialog eigen ist. Die Überlebenden können dank des Dialogs versuchen, die traumatischen Erlebnisse zu rationalisieren und stückweise zu verstehen, und die Deutschen können dadurch zu einer Auseinandersetzung mit der Shoah gelangen, die sie sonst gerne vermeiden oder der sie sich andernfalls höchstens innerhalb bestimmter, vereinfachender Schemata nähern. Die Verarbeitung der eigenen traumatischen Erlebnisse verharrt aber nicht allein bei dem Versuch, zu verstehen, sondern umfasst auch den komplizierten Prozess, mit dem eigenen Überleben zurecht zu kommen. Auch in diesem Fall, wie in der obigen Analyse klar wurde, spielt der Dialog eine wesentliche Rolle. Die vernunftbasierte Analyse der sogenannten Schuldgefühle der Überlebenden wird nämlich durch den Dialog mit den Toten ergänzt: Levi und Klüger wenden sich direkt an die Untergegangenen und die Gespenster, wie sie jeweils die Toten nennen, und diesen wird in den Werken der Autoren ein großer Raum zugesprochen.

Der Dialog bleibt auch im öffentlichen Bereich eine gewinnbringende Strategie, wenn Levi und Klüger sich nämlich an die Leser und an die Gesellschaft im Allgemeinen wenden. In diesem Bereich entfaltet sich das dialogische Prinzip in seiner ganzen Vielfältigkeit, die den Autoren bei ihrem Vorhaben zugutekommt. Die Eigenschaft des Dialogs, eine aktive Teilnahme der Gesprächspartner zu fördern, erweist sich als eine große Hilfe gegen das Schweigen und das Nicht-Hören-Wollen, die die Shoah vor allem in den Nachkriegsjahren umgeben. Das nüchterne Mitdenken, welches ein dialogischer Ansatz fordert, verhilft hingegen zu einem anderen Verhalten der Shoah gegenüber, was sich insbesondere im Umgang mit der Shoah in den letzten Jahrzehnten zeigt. Es handelt sich in diesem Fall um Sentimentalität, die in der heutigen Holocaust-Industrie herrscht. Indem sie nur die eigenen Gefühle betrifft und zur kathartischen Erleichterung des Bewusstseins führt, führt sie somit weg vom Hauptanliegen der Überlebenden der Shoah: die Erinnerung der Shoah lebendig und aktuell zu behalten. Levi und Klüger bedienen sich außerdem auch des Dialogs, um das Problem der Verleugnung der Shoah in Angriff zu nehmen.

Der Dialog spielt schließlich auch in einem dritten Bereich eine große Rolle, nämlich im Bereich der Shoah-Literatur. Hier begeben sich Levi und Klüger in einen Dialog mit den anderen Autoren der Shoah-Literatur und mit deren Auffassungen, und schärfen durch diesen Dialog ihre eigene Poetik. Auch um die Probleme dieser besonderen Literatur geht es in jenem Dialog, vor allem bezüglich der geeignetsten Art der Darstellung des Grauens der Shoah.

Für diese Arbeit ist der Dialog zwischen Levi und Klüger besonders interessant. Obwohl aus chronologischen Gründen kein persönlicher Dialog zwischen den Autoren entstehen konnte (Klüger beginnt erst ein paar Jahre nach dem Tod von Levi, sich mit der Shoah auseinanderzusetzen), sind die poetischen Berührungspunkte und die deutlichen Hinweise Klügers auf Levi zahlreich und eröffnen, wie diese Arbeit zeigen konnte, neue Einblicke und Perspektiven auf das Werk beider Autoren. Zum einen empfindet Klüger große

Achtung vor dem italienischen Schriftsteller. Sie betrachtet sein Werk, das sie gut kennt, als Inbegriff des literarischen Umgangs mit der Shoah: „Das ist es, was ich einen literarischen Umgang mit Auschwitz nennen würde" (WL, S. 209). Sie analysiert Levis Hauptwerk *Se questo è un uomo* außerdem in ihren Aufsätzen *Dichten über die Shoah* und *Primo Levi heute* und stellt dessen Besonderheiten heraus. Sie erkennt zum Beispiel die große Rolle, die bei Levi der Dialektik zwischen Freundschaft und Aberkennung der Menschlichkeit zukommt, das wachsende Zugehörigkeitsgefühl zu den Juden, was zuerst nur von außen aufgezwungen war, und die Krise des Humanismus, die im Buch dargelegt wird.[313] Sie mutmaßt über die möglichen Gründe, die zu seinem Freitod geführt haben könnten: „In den letzten Monaten soll er immer wieder geklagt haben, daß niemand ihm zuhöre, niemand ihn verstehe und daß ihm vor allem die Mentalität der Deutschen ein unbegreifliches Rätsel sei."[314] Sie weist aber auch ebenfalls auf die Argumente gegen die Selbstmordtheorie hin und warnt vor dem allzu häufigen und fast automatischen Zuschreiben des Todes Levis zur „gängige[n] Vorstellung der angeblich fürs ganze Leben angeschlagenen Opfer der KZs"[315]. Dies sei nämlich eine Vereinfachung, die der realen Situation nicht einspreche, denn für den Fall Levis sei das Beweismaterial unzureichend und in der Mehrheit der Fälle haben Überlebende der Shoah trotz aller Schwierigkeit „nützliche und verantwortliche"[316] Leben nach dem Krieg geführt.

An anderen Stellen betont Klüger die Unterschiede zwischen ihren und Levis Erfahrungen. Da sie als Kind inhaftiert wurde, während Levi schon ein gebildeter junger Mann war, war ihre jeweilige Wahrnehmung des Lagers notwendigerweise unterschiedlich:

> [Levi] kam aber mit dem Selbstgefühl eines erwachsenen, fertigen Europäers dahin, geistig als Rationalist und geographisch als Italiener beheimatet und gefestigt. Für ein Kind war das anders, denn mir war in den wenigen Jahren, die ich als bewußter

---

313 Vgl. Ruth Klüger: „Dichten über die Shoah", S. 208f. und Ruth Klüger: „Primo Levi heute", S. 59ff.
314 Ruth Klüger: „Dichten über die Shoah", S. 209.
315 Ruth Klüger: „Primo Levi heute", S. 62.
316 Ebenda.

Mensch existierte, die Lebensberechtigung Stück für Stück aberkannt worden, so daß Birkenau für mich einer gewissen Logik nicht entbehrte. (WL, S. 113)

In einem Interview distanziert sich Klüger in einer für sie essentiellen Frage von Levi. Der italienische Schriftsteller meint in seinem Werk zu erkennen, dass er in Auschwitz etwas gelernt habe, wenn auch gegen seinen Willen, und weist auf die Überlebende Lidia Rolfi hin, die sagte, Ravensbrück sei ihre Universität gewesen, denn dort habe die junge und unerfahrene Dorflehrerin dank des Mithäftlings Monique eine politische und soziale Bildung bekommen: „Anche per me Auschwitz è stata la seconda università"[317]. In einem anderen Interview präzisiert Levi:

> Sì, io sono cresciuto ad Auschwitz. Non so se si tratti di un pregio, di una fortuna o di qualcos'altro, ma durante quell'esperienza ho accumulato una quantità enorme di materiale, di nozioni, di riflessioni che devo ancora vagliare completamente.[318]

Klüger wehrt sich allerdings dagegen, Auschwitz irgendein Bildungsverdienst zuzuschreiben:

> Ich weiß nicht, was man von Auschwitz lernen kann. Das waren nutzlose, unnütze Einrichtungen. Wenn das eine Schule für irgend etwas war, wie Primo Levi gesagt hat – ich wollte, ich hätte es nicht erlebt. Für mich war das keine Schule, ich wäre viel lieber in andere Schulen gegangen. [...] Ich lehne es ab, ich lehne es total ab, daß Auschwitz für mich zu etwas gut war. Natürlich habe ich in diesen drei Jahren etwas gelernt, das ist klar. Ich bin nicht blind da durchgegangen, ich war ein einigermaßen aufgewecktes Kind, und gewisse Dinge habe ich wahrgenommen

---

[317] Primo Levi in: Giuseppe Grassano: „Conversazione con Primo Levi". In: Giuseppe Grassano: *Primo Levi*. La Nuova Italia: Firenze 1979. Jetzt in: Primo Levi: *Conversazioni e interviste 1963–1987*, S. 167–184, hier S. 179. „Auch für mich ist Auschwitz die zweite Universität gewesen". Primo Levi in: Giuseppe Grassano, „Gespräch mit Primo Levi". In: Primo Levi: *Gespräche und Interviews*, S. 139–159, hier S. 154.

[318] Primo Levi in: Risa Sodi: "Un'intervista con Primo Levi", S. 227. "Ja, ich bin in Auschwitz erwachsen geworden. Ich weiß nicht, ob es sich dabei um einen Vorzug, ein Glück oder um etwas anderes handelt, aber im Verlauf jener Erfahrung habe ich eine gewaltige Menge an Material, Kenntnissen, Gedanken angehäuft, die ich erst noch vollständig sichten muß." Primo Levi in: Risa Sodi: „Ein Interview mit Primo Levi", S. 240.

und gelernt und verarbeitet, aber ich hätte außerhalb von diesem Ort, von diesen Lagern Besseres gelernt. Mag die Extremsituation auch den Blick schärfen, der Preis war zu hoch.[319]

Diese unterschiedliche Haltung hängt in hohem Maße nicht nur mit dem Charakter beider Autoren zusammen, sondern auch mit deren Alter zur Zeit der Shoah, wie oben bereits angedeutet. Das unterschiedliche Alter und die je eigene Lebenserfahrung, die verschiedenen Charaktere und die Zeit des Schreibens beeinflussen auch die verschiedenen Weisen, derer sich Levi und Klüger des Dialogs bedienen. Wenn Levi seine Erinnerungen niederschreibt, ist sein größtes Bedürfnis, die Leser über das zu informieren, was in den KZs passiert ist. Außerdem schreibt er auch später meistens für das breite Publikum. Deshalb ist sein dialogischer Ansatz in stilistischer Hinsicht ausgeglichener, informativer und didaktischer als derjenige, den wir bei Klüger finden können. Letztere schreibt nämlich erst in den neunziger Jahren, wenn bereits eine gewisse Kenntnis über die Fakten der Shoah vorherrscht, welche jedoch von unterschiedlichen Gefahren bedroht ist, die von einer schematischen Vereinfachung bis zur Verleugnung der Shoah reichen. Darüber hinaus verfasst sie viele ihrer Texte für ein Publikum von Literaturwissenschaftlern, die über die basalen Informationen zur Shoah bereits verfügen. Ihr Dialog ist daher sehr viel polemischer, sie will die Leser zur Diskussion, zur aktiven Auseinandersetzung mit der Shoah anregen.

Auch wenn man die Unterschiede zwischen den Autoren und ihren Einsatz dialogischer Verfahrensweisen betrachtet, bleibt doch ein gemeinsamer roter Faden, der das Werk und das Leben beider Autoren durchzieht: die Suche nach einer nüchternen Auseinandersetzung mit der Shoah durch den Dialog. Aus dieser Perspektive erscheinen ihre Werke als sich in den unterschiedlichen Gesprächssituationen komplementär ergänzend und Klüger scheint sich dessen auch bewusst zu sein:

> Ich schreibe von unserem Erinnern an das Vergangene und muß nicht wiederholen, was schon geschrieben ist. Das bedeutet aber auch, und ich glaube, das ist schon wichtig,

---

[319] Ruth Klüger in: Klaus Naumann, „‚Ich komm nicht von Auschwitz her, ich stamm aus Wien'. Gespräch mit Ruth Klüger", S. 138.

daß da 40 oder 50 Jahre lang Schrifttum vorhanden ist, auf das ich mich beziehen kann. Ich muß nicht noch einmal schlecht das machen, was Primo Levi so gut gemacht hat.[320]

Zum Schluss bleibt die Frage, ob diese viel versprechende Strategie des Dialogs als Weg zu einer bewussteren Auseinandersetzung mit der Shoah erfolgreich gewesen ist. Levi selbst erkennt die entscheidende Rolle, die der Dialog für das eigene Überleben gespielt hat, und beide Autoren sind sich auch dieser Rolle in der privaten Auseinandersetzung mit der Shoah bewusst. Im öffentlichen Bereich jedoch scheint das Angebot zum Dialog und zur Diskussion nicht ganz den gewünschten Effekt zu haben. Sowohl Levi als auch Klüger haben mit ihren Büchern großen Erfolg gehabt, aber nicht immer die ernsthafte Diskussion über die Shoah erweckt, die sie sich wünschten. Mehreren Quellen zufolge soll Levi sich gerade deshalb, weil er sich nicht gehört und nicht verstanden fühlte, das Leben genommen haben.[321] Daneben wurde Klügers Buch sehr gelobt, aber ihre Leser nahmen die Aufforderung zur Diskussion nie an, wie die Autorin sie aufgefordert hatte:

> Der Dissens, den Klüger meldet, wird nicht zur Kenntnis genommen. Man applaudiert, wo man sich wiedererkennt, und liest darüber hinweg, wo sich Trennendes nicht in den eigenen Vorstellungshorizont einordnen läßt, wo sich Alterität als Alterität reklamiert. [...] als konkretes Arbeitsangebot zum heutigen Umgang zwischen Deutschen und Juden wird [*weiter leben*] nicht erkannt.[322]

Jedoch ist ihr Appell zur Auseinandersetzung auch nicht völlig ungehört verhallt. Literaturwissenschaftler und Kritiker bemerken mehr und mehr die Besonderheit Klügers innerhalb der Shoah-Literatur und ihre besondere Aufforderung zur nüchternen Diskussion.[323]

---

320 Ebenda, S. 137.
321 Vgl. Ruth Klüger: „Dichten über die Shoah", S. 109 und Elie Wiesel: „Der selbstgewählte Tod". In: Elie Wiesel: *... Und das Meer wird nicht voll. Autobiographie 1969–1996*. Hamburg: Hoffman und Campe 1997, S. 528–537.
322 Irene Heidelberger-Leonard: „Ruth Klüger *weiter leben* – ein Grundstein zu einem neuen Auschwitz-»Kanon«?", S. 166f.
323 Vgl. v.a. Irene Heidelberger-Leonard: „Ruth Klüger *weiter leben* – ein Grundstein zu einem neuen Auschwitz-»Kanon«?"; Dagmar von Hoff: „Zum Dialogischen in *weiter leben*"; Irmela von der Lühe: „Das Gefängnis der Erinnerung".

Zweifellos hat ihre Aufforderung zum Dialog genauso wenig an Aktualität verloren wie das Thema der Shoah selbst. Die nicht zu unterschätzende Aktualität des Themas ist nicht nur für das historische Bewusstsein Deutschlands und ganz Europas von Bedeutung, sondern bleibt auch weiterhin als eine Mahnung bestehen[324] und führt auch in Zukunft das Bedürfnis nach einer dialogischen und differenzierten Auseinandersetzung mit der Shoah weiter. Diese wird mit der Zeit sogar immer notwendiger, denn die Shoah entfernt sich zeitlich immer mehr, die Stimmen der Überlebenden verstummen zunehmend durch ihren Tod und die Shoah droht in eine mythische Vergangenheit zu rücken, die mit ihren Monstern nichts mehr mit der heutigen Gesellschaft zu tun hat. Eine nüchterne Auseinandersetzung mit dieser besonderen Periode der deutschen und der europäischen Vergangenheit hat somit ihre Brisanz nicht verloren und betrifft nun die nachfolgenden Generationen, die von der Shoah nur gelesen und gehört haben. Diesen sollen die Überlegungen Levis und Klügers eine Hilfestellung sein, aber nicht die eigene Reflexion ersetzen. Vielmehr handelt es sich um eine Bevollmächtigung der folgenden Generationen, die Erinnerung an die Shoah und die Reflexion darüber am Leben zu erhalten, wie Levi es in einem seiner letzten Gedichte ausdrückt:

> *Delega*
> Non spaventarti se il lavoro è molto:
> C'è bisogno di te, che sei meno stanco.
> Poiché hai sensi fini, senti
> Come sotto i tuoi piedi suona cavo:
> Rimedita i nostri errori:
> [...]
> Aiuta, insicuro. Tenta, benché insicuro,
> Perché insicuro. Vedi
> Se puoi reprimere il ribrezzo e la noia
> dei nostri dubbi e delle nostre certezze.
> Mai siamo stati così ricchi, eppure

---

324 Klüger sagt an einer Stelle von *Das Weiterleben des Ruth Klügers*: "[...] jeder Hass gegen Gruppen hat ein Stück von der Shoah in sich."

Viviamo in mezzo a mostri imbalsamati,
Ad altri mostri oscenamente vivi.
[...]
Reggi la corsa, del tuo meglio. Abbiamo
Pettinato la chioma alle comete,
Decifrato i segreti della genesi,
Calpestato la sabbia della luna,
Costruito Auschwitz e distrutto Hiroshima.
Vedi: non siamo rimasti inerti.
Sobbarcati, perplesso;
Non chiamarci maestri.[325]

---

325 Primo Levi: „Delega", 24.6.1986. In: *Ad ora incerta*, S. 108–109. „Erschrick nicht, wenn die Arbeit viel ist: / Du wirst gebraucht, denn du bist weniger müde. / Weil du ein feines Gespür hast, hör, / Wie es hohl unter deinen Füßen klingt. / Überdenkt unsere Irrtümer: / [...] / Hilf, Verunsicherter. Versuch's, obwohl verunsichert, / Weil verunsichert. Sieh zu, / Ob du den Abscheu unterdrücken kannst und den Überdruß / Unserer Zweifel und unserer Gewißheiten. / Noch nie waren wir so reich, und doch / Leben wir inmitten einbalsamierter Ungeheur, / Inmitten anderer, obszön lebendiger Ungeheuer. / [...] / Steh die Wegstrecke durch, so gut du kannst. Wir haben / Dem Kometen das Haar gekämmt, / Die Geheimnisse allen Werdens entziffert, / Auf den Mondsand gestampft, / Auschwitz gebaut und Hiroshima zerstört. / Du siehst: wir sind nicht untätig gewesen. / Nimm's auf dich, sprachlos. / Und nenn uns nicht Meister." Primo Levi, „Vollmacht", In: Primo Levi, *Zu ungewisser Stunde*, S. 98f.

Literaturverzeichnis

Adorno, Theodor W.: „Kulturkritik und Gesellschaft". In: Petra Kiedaisch: *Lyrik nach Auschwitz? Adorno und die Dichter*. Stuttgart: Reclam 1995, S. 27–49.
Ders.: „Meditationen zur Metaphysik". In: „Negative Dialektik". In: Petra Kiedaisch: *Lyrik nach Auschwitz? Adorno und die Dichter*. Stuttgart: Reclam 1995, S. 55–63.
Alighieri, Dante: *La Divina Commedia* (1308–1321). Lettura e commento di Vittorio Sermonti. Milano: Bruno Mondadori 1996.
Alighieri, Dante: *Die Göttliche Komödie*, übers. von Hermann Gmelin. I. Band, München: DTV 1988.
Améry, Jean: *Jenseits von Schuld und Sühne. Bewältigungsversuche eines Überwältigten*. München: Szczesny 1966. Neuausgabe Stuttgart: Klett 1977.
Améry, Jean: „An den Grenzen des Geistes". In: Jean Améry: *Jenseits von Schuld und Sühne. Bewältigungsversuche eines Überwältigten*. München: Szczesny 1996. Neuausgabe Stuttgart: Klett 1997, S. 18–45.
Améry, Jean: „Ressentiments". In: Jean Améry: *Jenseits von Schuld und Sühne. Bewältigungsversuche eines Überwältigten*. München: Szczesny 1996. Neuausgabe Stuttgart: Klett 1997, S. 102–129.
Améry, Jean: „Über Zwang und Unmöglichkeit, Jude zu sein". In: Jean Améry: *Jenseits von Schuld und Sühne. Bewältigungsversuche eines Überwältigten*. München: Szczesny 1996. Neuausgabe Stuttgart: Klett 1997, S. 130–156.
Auschwitzlüge. Artikel in:: *Enzyklopädie des Holocaust*. Hrsg. Von Israel Gutman [u.a.] Berlin: Argon 1993.
Bachmann, Michael: *Der abwesende Zeuge. Autorisierungsstrategien in Darstellungen der Shoah*. Tübingen: Francke 2010.
Bachtin, Michail: *Die Ästhetik des Wortes*, Frankfurt a.M.: Suhrkamp 1979.
Belpoliti, Marco: „Io sono un centauro". In: Levi, Primo: *Conversazioni e interviste 1963–1987*. A cura di Marco Belpoliti. Torino: Einaudi 1997, S. VII–XIX.
Biasin, Gian Paolo: „Our daily Bread-Pane-Brot-Broid-Chleb-Pain-Lechem-Kenyér". In: *Primo Levi as Witness*. Proceedings of a Symposium held a Princeton University, April 30–May 2, 1989. Hrsg. von Pietro Frassica. Fiesole: Casalini Libri 1990, S. 1–20.
Bigsby, Christopher W.: *Remembering and Imagining the Holocaust. The Chain of Memory*. Cambridge: Cambridge University Press 2006.

Braese, Stephan/Gehle, Holger (Hrsg.): *Ruth Klüger in Deutschland*. Bonn: Selbstverlag 1994.

Braese, Stephan/Gehle, Holger [u.a.] (Hrsg.): *Deutsche Nachkriegsliteratur und der Holocaust*. Frankfurt a.M. [u.a.]: Campus-Verl. 1998.

Calcagno, Giorgio: „Primo Levi: Capire non è perdonare". In: La Stampa, 16.7.1986. Jetzt in: Primo Levi: *Conversazioni e interviste 1963–1987*. A cura di Marco Belpoliti. Torino: Einaudi 1997, S. 142–146.

Calcagno, Giorgio: „Primo Levi: Verstehen heißt nicht verzeihen". In: Primo Levi: *Gespräche und Interviews*. Hrsg. Von Marco Belpoliti. Aus dem Italienischen von Joachim Meinert. München [u.a.]: Hanser 1999, S. 130–135.

Cavaglion, Alberto (Hrsg.): *Primo Levi. Il presente del passato*. Giornate internazionali di studio. Milano: F.Angeli 1991.

Celan, Paul: *Todesfuge* (1945). In: Paul Celan: *Werke*. Historisch-kritische Ausgabe. 2./3. Band. Frankfurt a.M.: Suhrkamp 2003, S. 65f.

Cole, Tim: „,The Holocaust Industry'?: Reflections on a History of the Critique of Holocaust Representation". In: *Contemporary Responses to the Holocaust*. Hrsg. von Konrad Kwiet und Jürgen Matthäus. Westport: Praeger 2004, S. 37–57.

Coleridge, Samuel Taylor: *The Ballad of the Ancient Mariner* (1798). New York: Dover Thrift Editions 1992.

Christophersen, Thies: *Die Auschwitz-Lüge*. Möhrkirch: Kritik-Verlag 1973.

Das Weiterleben der Ruth Klüger, Österreich 2012. Regie: Renata Schmidtkunz.

Debazi, Elizabeth H.: *Zeugnis – Erinnerung – Verfremdung. Literarische Darstellung und Reflexion von Holocausterfahrung*. Marburg: Tectum 2008.

„Dialog". Artikel in: *Der Literatur-Brockhaus*. Hrsg. u. Bearb. von Werner Habicht, Wolf-Dieter Lang u. d. Brockhaus-Red. Mannheim: Brockhaus 1988.

Doerry, Martin/Meyer, Cordula: *„Man ist irrsinnig indiskret"*. In: Der Spiegel, Nr.33, 11.08.2008, S. 144–147.

Dresden, Sem: *Holocaust und Literatur*. Frankfurt a.M.: Jüdischer Verlag 1997.

Eke, Norbert Otto/Steinecke, Hartmut (Hrsg.): *Shoah in der deutschsprachigen Literatur*. Berlin: ESV 2006, S. 286–292.

Emcke, Carolin: *Weil es sagbar ist. Über Zeugenschaft und Gerechtigkeit*. Frankfurt am Main: Fischer 2013.

Engdahl, Horace: „Monologizität und Dialogizität – eine Dichotomie am Beispiel der schwedischen Romantik". In: *Dialogizität*. Hrsg. Von Renate Lachmann. München: Fink 1982, S. 141–184.

Erler Michael: „Mäeutik". In: Christian Schäfer (Hrsg.): *Platon-Lexikon. Begriffswörterbuch zu Platon und der platonischen Tradition*. Darmstadt: WBG 2007, S. 193–194.

Feuchert, Sascha: *Ruth Klüger, weiter leben. Eine Jugend.* Stuttgart: Reclam 2004.

Finkelstein, Norman: *The Holocaust Industry: Reflections on the Exploitation of Jewish suffering.* London: Verso 2000.

Frassica, Pietro (Hrsg.): *Primo Levi as Witness.* Proceedings of a Symposium held at Princeton University, April 30–May 2, 1989. Fiesole: Casalini Libri 1990.

Frei, Norbert/Steinbacher, Sybille (Hrsg.): *Beschweigen und Bekennen. Die deutsche Nachkriegsgesellschaft und der Holocaust.* Göttingen: Wallstein 2001.

Gadamer, Hans-Georg: *Wahrheit und Methode. Grundzüge einer philosophischen Hermeneutik.* Tübingen 1960.

Grassano, Giuseppe: „Conversazione con Primo Levi". In: Giuseppe Grassano: *Primo Levi.* La Nuova Italia: Firenze 1979. Jetzt in: Primo Levi: *Conversazioni e interviste 1963–1987.* A cura di Marco Belpoliti. Torino: Einaudi 1997, S. 167–184.

Grassano, Giuseppe: „Gespräch mit Primo Levi". In: Primo Levi: *Gespräche und Interviews.* Hrsg. Von Marco Belpoliti. Aus dem Italienischen von Joachim Meinert. München [u.a.]: Hanser 1999, S. 139–159.

Hardtmann, Gertrud (Hrsg.): *Spuren der Verfolgung. Seelische Auswirkungen des Holocaust auf die Opfer und ihre Kinder.* Gerlinger: Bleicher 1992.

Heidelberger-Leonard, Irene: „Auschwitz, Weiss und Walser. Anmerkungen zu den "Zeitschaften" in Ruth Klügers weiter leben". In: *Peter Weiss Jahrbuch* 4, 1995, S. 78–89.

Heidelberger-Leonard, Irene: *Ruth Klüger, weiter leben. Eine Jugend. Interpretation.* München: Oldenbourg 1996.

Heidelberger-Leonard, Irene: „Ruth Klüger *weiter leben* – ein Grundstein zu einem neuen Auschwitz-»Kanon«?" In: *Deutsche Nachkriegsliteratur und der Holocaust.* Hrsg. von Stephan Braese und Holger Gehle [u.a.]. Frankfurt a.M. [u.a.]: Campus-Verl. 1998, S. 157–169.

Heidelberger-Leonard, Irene: „Peter Weiss: Meine Ortschaft". http://www.uni-due.de/ literaturwissenschaft-aktiv/nullpunkt/pdf/weiss_ortschaft.pdf. Stand: 15.7.2000. Zugriff: 18.7.2011.

Heuser, Magdalene (Hrsg.): *Autobiographien von Frauen. Beiträge zu ihrer Geschichte.* Tübingen: Niemeyer 1996.

von Hoff, Dagmar: „Zum Dialogischen in *weiter leben*". In: Dagmar von Hoff/ Herta Müller: „Erzählen, Erinnern und Moral. Ruth Klügers *weiter leben. Eine Jugend* (1992)" In: *Erinnerte Shoah. Die Literatur der Überlebenden/ The Shoah Remembered. The Literature of the Survivors.* Hrsg. Von Walter Schmitz. Dresden: Thelem 2003, S. 203–222.

Hoffmann, Michael: *Literaturgeschichte der Shoah*, Münster: Aschendorff Verlag 2003.

Holocaust. USA 1978. Regie: Marvin Chomsky, Drehbuch: Gerald Green.

Horster, Detlef: „Dialog". Artikel in: Peter Precht und Franz Peter Burckard: *Philosophie-Lexikon. Begriffe und Definitionen*. Stuttgart: Metzler 1996.

Ioli, Giovanna (a cura di): *Primo Levi: Memoria e Invenzione*. Atti del Convegno Internazionale San Salvatore Monferrato 26–27–28 settembre 1991. S.S.M.: Edizioni della Biennale „Piemonte e Letteratura", 1995.

Jauss, Hans Robert: „Zum Problem des dialogischen Verstehens". In: *Dialogizität*. Hrsg. von Renate Lachmann. München: Fink 1982, S. 11–24.

Kiedaisch, Petra: *Lyrik nach Auschwitz? Adorno und die Dichter*. Stuttgart: Reclam 1995.

Klein, Judith: *Literatur und Genozid. Darstellungen der nationalsozialistischen Massenvernichtung in der französischen Literatur*. Wien [u.a]: Böhlau 1992.

Kleiner, Barbara: „Bild der Unwürde und Würde des Menschen". In: Neue Musikzeitung, August/September 1986. Jetzt in: Primo Levi: *Gespräche und Interviews*. Hrsg. Von Marco Belpoliti. Aus dem Italienischen von Joachim Meinert. München [u.a.]: Hanser 1999, S. 66–72.

Kluge, Friedrich: *Etymologisches Wörterbuch der deutschen Sprache*. 21. unveränderte Auflage. Berlin [u.a.]: De Gruyter 1975.

Klüger, Ruth: *weiter leben. Eine Jugend*. Göttingen: Wallstein Verlag 1992.

Klüger, Ruth: „Dichten über die Shoah. Zum Problem des literarischen Umgangs mit dem Massenmord". In: *Spuren der Verfolgung. Seelische Auswirkungen des Holocaust auf die Opfer und ihre Kinder*. Hrsg. von Gertrud Hardtman. Gerlingen: Bleicher 1992, S. 203–221.

Klüger, Ruth: „Zum Wahrheitsbegriff in der Autobiographie". In: *Autobiographien von Frauen. Beiträge zu ihrer Geschichte*. Hrsg. von Magdalene Heuser. Tübingen: Niemeyer 1996, S. 405–410.

Klüger, Ruth: *Still Alive. A Holocaust Girlhood Remembered*. New York: The Feminist Press 2001.

Klüger, Ruth: „Primo Levi heute". In: *Deutsche Akademie für Sprache und Dichtung – Jahrbuch 2002*. Göttingen: Wallstein 2003, S. 58–63.

Klüger, Ruth: *Gelesene Wirklichkeit. Fakten und Fiktionen in der Literatur*. Göttingen: Wallstein 2006.

Klüger, Ruth: „Der Gartenzwerg und das Goldene Kalb". In: Ruth Klüger, *Von hoher und niedriger Literatur*. Göttingen: Wallstein 1996. Jetzt in: Ruth Klüger: *Gelesene Wirklichkeit. Fakten und Fiktionen in der Literatur*. Göttingen: Wallstein 2006, S. 29–51.

Klüger, Ruth: „Missbrauch der Erinnerung: KZ-Kitsch". In: Ruth Klüger, *Von hoher und niedriger Literatur*. Göttingen: Wallstein 1996. Jetzt in: Ruth Klüger: *Gelesene Wirklichkeit. Fakten und Fiktionen in der Literatur*, Göttingen: Wallstein 2006, S. 52–67.

Klüger, Ruth: „Lanzmanns *Shoah* in New York". In: Ruth Klüger: *Gelesene Wirklichkeit. Fakten und Fiktionen in der Literatur*. Göttingen: Wallstein 2006, S. 9–28.

Klüger, Ruth: *unterwegs verloren. Erinnerungen*. Wien: Zsolnay 2008.

Klüger, Ruth: „Lyrik und der Holocaust am Beispiel von drei Gedichten". In: *Gedächtnis und Widerstand. Festschrift für Irene Heidelberger-Leonard*. Hrsg von Mireille Tabah. Tübingen: Stauffenburg-Verl. 2009, S. 171–178.

Köppen, Manuel/Scherpe, Klaus R. (Hrsg.): *Bilder des Holocaust. Literatur-Film-Bildende Kunst*. Köln [u.a.]: Böhlau 1997.

Kwiet, Konrad/Matthäus, Jürgen (Hrsg.): *Contemporary Responses to the Holocaust*. Westport: Praeger 2004.

Lachmann, Renate (Hrsg.): *Dialogizität*. München: Fink 1982.

Langbein, Hermann: *Menschen in Auschwitz*. Wien: Europaverlag 1972.

Langbein, Hermann: „Se questo è un uomo: un uomo straordinario". In: *Primo Levi. Il presente del passato*. Giornate internazionali di studio. Hrsg. von Alberto Cavaglion. Milano: F.Angeli 1991, S. 63–66.

Langer, Phil C.: *Schreiben gegen die Erinnerung? Autobiographien von Überlebenden der Shoah*, Hamburg: Krämer 2002.

Lassmann, Maria: „Ruth Klügers Autobiographien *weiter leben, Still Alive* und *unterwegs verloren*". In: *Gedächtnis und Widerstand. Festschrift für Irene Heidelberger-Leonard*. Hrsg. von Mireille Tabah. Tübingen: Stauffenburg-Verl. 2009, S. 187–201.

Levi, Primo/De Benedetti, Leonardo: „Rapporto sulla organizzazione igienico-sanitaria del campo di concentramento per Ebrei di Monowitz (Auschwitz-Alta Slesia)". In: *Minerva Medica* (n. 47, 24 novembre 1946).

Levi, Primo: *Se questo è un uomo*. Torino: De Silva 1947. Neuausgabe Torino: Einaudi 1958.

Levi, Primo: „Deportati. Anniversario". In: *Torino*, Nr.4, April 1955, S. 53–54. Jetzt in: Primo Levi: *L'asimmetria e la vita. Articoli e saggi 1955–1987*. A cura di Marco Belpoliti. Torino: Einaudi 2002, S. 5–7.

Levi, Primo: „Monumento ad Auschwitz". In: *La Stampa*, 18.7.1959. Jetzt in: Primo Levi: *L'asimmetria e la vita. Articoli e saggi 1955–1987*. A cura di Marco Belpoliti. Torino: Einaudi 2002, S. 8–11.

Levi, Primo: *Ist das ein Mensch?*, übers. v. Heinz Riedt. Frankfurt a.M.: Fischer 1961, Neuausgaben München: Hanser 1987, dtv 1992.

Levi, Primo.: *La tregua*. Torino: Einaudi 1963.

Levi, Primo: *Die Atempause*, übers. v. Barbara und Robert Picht. Hamburg: Wegner 1964.

Levi, Primo: Nota alla versione drammatica di *Se questo è un uomo*. Milano: Einaudi 1966, S. 5–8. Jetzt in: Primo Levi: *L'asimmetria e la vita. Articoli e saggi 1955–1987*. A cura di Marco Belpoliti. Torino: Einaudi 2002, S. 36–40.

Levi, Primo: Prefazione a L. Poliakov, *Auschwitz*. Roma: Ventro 1968, S. 9–11. Jetzt in: Primo Levi: *L'asimmetria e la vita. Articoli e saggi 1955–1987*. A cura di Marco Belpoliti. Torino: Einaudi 2002, S. 41–43.

Levi, Primo: „Un passato che credevamo non dovesse tornare più". In: *Corriere della Sera* 8.7.1974. Jetzt in: Primo Levi: *L'asimmetria e la vita. Articoli e saggi 1955–1987*. A cura di Marco Belpoliti. Torino: Einaudi 2002, S. 47–50.

Levi, Primo: „Jean Améry, il filosofo suicida". In: *La Stampa* 7.12.1978. Jetzt in: Primo Levi: *L'asimmetria e la vita. Articoli e saggi 1955–1987*. A cura di Marco Belpoliti. Torino: Einaudi 2002, S. 70–72.

Levi, Primo: „Ma noi c'eravamo". In: *Corriere della Sera*, 3.1.1979. Jetzt in: Primo Levi: *L'asimmetria e la vita. Articoli e saggi 1955–1987*. A cura di Marco Belpoliti. Torino: Einaudi 2002, S. 73–74.

Levi, Primo: „Un lager alle porte d'Italia". In: *La Stampa*, 19 gennaio 1979. Jetzt in: Primo Levi: *L'asimmetria e la vita. Articoli e saggi 1955–1987*. A cura di Marco Belpoliti. Torino: Einaudi 2002, S. 75–80.

Levi, Primo: „Perché non ritornino gli olocausti di ieri (le stragi naziste, le folle e la Tv)". In: *La Stampa*, 20.5.1979. Jetzt in: Primo Levi: *L'asimmetria e la vita. Articoli e saggi 1955–1987*. A cura di Marco Belpoliti. Torino: Einaudi 2002, S. 81–84.

Levi, Primo: „Le immagini di «Olocausto»". *Speciale del Radiocorriere Tv*, maggio 1979. Jetzt in: Primo Levi: *L'asimmetria e la vita. Articoli e saggi 1955–1987*. A cura di Marco Belpoliti. Torino: Einaudi 2002, S. 85–94.

Levi, Primo: *La ricerca delle radici*. Torino: Einaudi 1981.

Levi, Primo: „Dello scrivere oscuro". In: Primo Levi, *L'altrui mestiere*. Torino: Einaudi 1985. Jetzt in: Primo Levi, *Opere*. Volume Terzo. Einaudi: 2006, S. 633–639.

Levi, Primo: *Ad ora incerta*, Torino: Einaudi 1984. 2. Erw. Auflage 1990.

Levi, Primo: *I sommersi e i salvati*. Torino: Einaudi 1986.

Levi, Primo: „Buco nero di Auschwitz". In: *La Stampa*, 22.01.1987. Jetzt in: Primo Levi: *L'asimmetria e la vita. Articoli e saggi 1955–1987*. A cura di Marco Belpoliti. Torino: Einaudi 2002, S. 132–135.

Levi, Primo: *Die Untergegangenen und die Geretteten*. Übers. v. Moshe Kahn. München [u.a.]: Hanser 1990.

Levi, Primo: *Conversazioni e interviste 1963–1987*. A cura di Marco Belpoliti. Torino: Einaudi 1997.

Levi, Primo: *Zu ungewisser Stunde*. Aus dem Italienischen von Moshe Kahn. München: Hanser 1998.

Levi, Primo: *Gespräche und Interviews*. Hrsg. Von Marco Belpoliti. Aus dem Italienischen von Joachim Meinert. München [u.a.]: Hanser 1999.

Levi, Primo: *L'asimmetria e la vita. Articoli e saggi 1955–1987*. A cura di Marco Belpoliti. Torino: Einaudi 2002.

Lezzi, Eva: „Ruth Klüger. Literarische Authentizität durch Reflexion. Weiter leben – Still alive". In: *Shoah in der deutschsprachigen Literatur*. Hrsg. von Norbert Otto Eke und Hartmut Steinecke. Berlin: ESV 2006, S. 286–292.

Luce, Dina: „Il suono e la mente". *RAI, seconda rete radiofonica*, 4.10.1982. Jetzt in: Primo Levi: *Conversazioni e interviste 1963–1987*. A cura di Marco Belpoliti. Torino: Einaudi 1997, S. 33–46.

Luce, Dina: „Klang und Verstand". In: Primo Levi: *Gespräche und Interviews*. Hrsg. von Marco Belpoliti. Aus dem Italienischen von Joachim Meinert. München [u.a.]: Hanser 1999, S. 31–47.

Lühe, Irmela von der: „Das Gefängnis der Erinnerung. Erzählstrategien gegen den Konsum des Schreckens in Ruth Klügers *weiter leben*". In: *Bilder des Holocaust. Literatur-Film-Bildende Kunst*. Hrsg. von Manuel Köppen und Klaus R. Scherpe. Köln [u.a.]: Böhlau 1997, S. 29–45.

Mauro, Roberto: *Primo Levi. Il dialogo è interminabile*. Firenze: Giuntina 2009.

de Melis, Federico: „Un'aggressione di nome Franz Kafka". In: *Il manifesto*, 05.05.1983. Jetzt in: Primo Levi: *Conversazioni e interviste 1963–1987*. A cura di Marco Belpoliti. Torino: Einaudi 1997, S. 188–194.

de Melis, Federico: „Eine Aggression namens Kafka". In: Primo Levi: *Gespräche und Interviews*. Hrsg. von Marco Belpoliti. Aus dem Italienischen von Joachim Meinert. München [u.a.]: Hanser 1999, S. 163–171.

Mondo, Lorenzo: „Primo Levi e Dante". In: *Primo Levi: Memoria e Invenzione*. Atti del Convegno Internazionale San Salvatore Monferrato 26–27–28 settembre 1991. Hrsg. von Giovanna Ioli. S.S.M.: Edizioni della Biennale „Piemonte e Letteratura", 1995, S. 224–229.

Nascimbeni, Giulio: „Levi: L'ora incerta della poesia". In: *Corriere della Sera*, 28.10.1984. Jetzt in: Primo Levi: *Conversazioni e interviste 1963–1987*. A cura di Marco Belpoliti. Torino: Einaudi 1997, S. 136–141.

Nascimbeni, Giulio: „Levi: Die ungewisse Stunde der Dichtung". In: Primo Levi: *Gespräche und Interviews*. Hrsg. von Marco Belpoliti. Aus dem Italienischen von Joachim Meinert. München [u.a.]: Hanser 1999, S. 123–129.

Naumann, Klaus: „,Ich komm nicht von Auschwitz her, ich stamm aus Wien'. Gespräch mit Ruth Klüger'. In: Sascha Feuchert: *Ruth Klüger, weiter leben. Eine Jugend.* Stuttgart: Reclam 2004, S. 123–138.

Precht, Peter / Burckard, Franz Peter: *Philosophie-Lexikon. Begriffe und Definitionen.* Stuttgart: Metzler 1996.

Rassinier, Paul: *Die Lüge des Odysseus.* Wiesbaden: Priester 1959 (*Le mensonge d'Ulysse*, 1950).

Roth, Philip: „L'uomo salvato dal suo mestiere". In: *La Stampa*, 26.-27.11.1986. Jetzt in: Primo Levi: *Conversazioni e interviste 1963–1987*. A cura di Marco Belpoliti. Torino: Einaudi 1997, S. 84–93. Zuerst auf Englisch erschienen: Philip Roth: „A Man Saved by his Skills". In: *The New York Times Book Review*, 12.10.1986.

Roth, Philip: „Der von seinem Beruf gerettete Mensch". In: Primo Levi: *Gespräche und Interviews*. Hrsg. von Marco Belpoliti. Aus dem Italienischen von Joachim Meinert. München [u.a.]: Hanser 1999, S. 73–84.

Samuel, Jean: „Depuis lors, nous nous sommes revus souvent". In: *Primo Levi. Il presente del passato.* Giornate internazionali di studio. Hrsg. von Alberto Cavaglion. Milano: F.Angeli 1991, S. 23–28.

Schäfer, Christian (Hrsg.): *Platon-Lexikon. Begriffswörterbuch zu Platon und der platonischen Tradition.* Darmstadt: WBG 2007.

Schindler's List, USA 1993, Regie: Steven Spielberg, Drehbuch: Steven Zaillian.

Schmitz, Walter (Hrsg.): *Erinnerte Shoah. Die Literatur der Überlebenden/The Shoah Remembered. The Literature of the Survivors.* Dresden: Thelem 2003.

Segler-Messner, Silke: „Moderne Höllendarstellungen – Primo Levi und Peter Weiss im Zwiegespräch mit Dante". In: *Jahrbuch für internationale Germanistik* 2007, S. 51–80.

Shoah. Frankreich 1985. Regie: Claude Lanzmann.

Simon, Anne Catherine: „Ruth Klüger: ‚Ressentiments sind etwas sehr gutes'". In: *Die Presse*, 07.10.2008, S. 37.

Sodi, Risa: *A Dante of our Time. Primo Levi and Auschwitz.* New York [u.a.]: Lang 1990.

Sodi, Risa: „Un'intervista con Primo Levi". In: Primo Levi: *Conversazioni e interviste 1963–1987*. A cura di Marco Belpoliti. Torino: Einaudi 1997, S. 223–241. Erstmals auf Englisch erschienen: Risa Sodi: „An Interview with Primo Levi". In: *Partisan Review*, Nr.3, 1987.

Sodi, Risa: „Ein Interview mit Primo Levi". In: Primo Levi: *Gespräche und Interviews.* Hrsg. von Marco Belpoliti. Aus dem Italienischen von Joachim Meinert. München [u.a.]: Hanser 1999, S. 236–256.

Spadi, Milva: „Capire e far capire". *Westdeutscher Rundfunk*, September 1986. Jetzt in: Primo Levi: *Conversazioni e interviste 1963–1987*. A cura di Marco Belpoliti. Torino: Einaudi 1997, S. 242–259.

Speer, Albert: *Spandauer Tagebücher*. Frankfurt a.m.: Propyläen 1975.

Tabah, Mirelle (Hrsg.): *Gedächtnis und Widerstand. Festschrift für Irene Heidelberger-Leonard*. Tübingen: Stauffenburg-Verl. 2009.

Taterka, Thomas: *Dantes Deutsch. Studien zur Lagerliteratur*. Berlin: Schmidt 1999.

Traverso, Enzo: *Auschwitz denken. Die Intellektuellen und die Shoah*. Hamburg: Hamburger Ed. 2000.

Vandewaetere, Sara: „Primo Levi e le future generazioni: l'etica del dialogo". *Scrittori italiani di origine ebrea ieri e oggi: un approccio generazionale*, a cura di Raniero Speelman, Monica Jansen & Silvia Gaiga. ITALIANISTICA ULTRAIECTINA 2. Utrecht: Igitur, Utrecht Publishing & Archiving Services, 2007.

Vigevani, Marco: „Le parole, il ricordo, la speranza". In: *Bollettino della Comunità Israelitica di Milano*, XL, 5, 05.1984. Jetzt in: Primo Levi: *Conversazioni e interviste 1963–1987*. A cura di Marco Belpoliti. Torino: Einaudi 1997, S. 213–222.

Vigevani, Marco: „Worte, Erinnerung, Hoffnung". In: Primo Levi: *Gespräche und Interviews*. Hrsg. von Marco Belpoliti. Aus dem Italienischen von Joachim Meinert. München [u.a.]: Hanser 1999, S. 224–235.

Walser, Martin: „Unser Auschwitz". In: *Kursbuch 1* (Hrsg. von Hans Magnus Enzensberger), 1965.

Walser, Martin: *Tod eines Kritikers*. Frankfurt a.M.: Suhrkamp 2002.

Weiss, Matthias: „Sinnliche Erinnerung. Die Filme »Holocaust« und »Schlinders Liste« in der bundesdeutschen Vergegenwärtigung der NS-Zeit". In: *Beschweigen und Bekennen. Die deutsche Nachkriegsgesellschaft und der Holocaust*. Hrsg. Von Norbert Frei und Sybille Steinbacher. Göttingen: Wallstein 2001, S. 71–102.

Weiss, Peter: „Meine Ortschaft". In: Peter Weiss, *Rapporte*. Frankfurt a.M.: Suhrkamp 1968, S. 113–124.

Weiss, Peter: *Die Ermittlung. Oratorium in elf Gesängen*, uraufgeführt 1965 gleichzeitig in der BRD und der DDR.

Wiesel, Elie: „Der selbstgewählte Tod". In: Elie Wiesel: *... Und das Meer wird nicht voll. Autobiographie 1969–1996*. Hamburg: Hoffman und Campe 1997, S. 528–537.

Wilpert, Gero von: „Dialog". Artikel in: Gero von Wilpert: *Sachwörterbuch der Literatur*. 8., verb. u. erw. Aufl. Stuttgart: Kröner 2001.

STUDIEN ZUR DEUTSCHEN UND EUROPÄISCHEN LITERATUR DES 19. UND 20. JAHRHUNDERTS

Begründet von Dieter Kafitz †,
Franz Norbert Mennemeier, Erwin Rotermund
Herausgegeben von Bernhard Spies

Band 1   Dieter Kafitz (Hrsg.): Dekadenz in Deutschland. Beiträge zur Erforschung der Romanliteratur um die Jahrhundertwende. 1987.

Band 2   Thomas Fraund: Bewegung – Korrektur – Utopie. Studien zum Verhältnis von Melancholie und Ästhetik im Erzählwerk Thomas Bernhards. 1986.

Band 3   Edward McInnes: ‚Ein ungeheures Theater'. The Drama of the Sturm und Drang. 1987.

Band 4   Georgia A. Schneider: Portraits of Women in Selected Works of Gabriele Reuter. 1987.

Band 5   Michael Limlei: Geschichte als Ort der Bewährung. Menschenbild und Gesellschaftsverständnis in den deutschen historischen Romanen (1820-1890). 1988.

Band 6   Hoda Issa: Das *Niederländische* und die *Autopsie*. Die Bedeutung der Vorlage für Georg Büchners Werke. 1988.

Band 7   Christa Jordan: Zwischen Zerstreuung und Berauschung. Die Angestellten in der Erzählprosa am Ende der Weimarer Republik. 1988.

Band 8   Alfons Weber: Problemkonstanz und Identität. Sozialpsychologische Studien zu Franz Werfels Biographie und Werk – unter besonderer Berücksichtigung der Exilerzählungen. 1990.

Band 9   Michael Krüger: Vom ordnenden Subjekt zur subjektgemäßen Ordnung. Studien zu Arnolt Bronnens Dramen. 1989.

Band 10 Michael Schmitt: Der rauhe Ton der kleinen Leute. „Große Stadt" und „Berliner Witz" im Werk Adolf Glaßbrenners (zwischen 1832 und 1841). 1989.

Band 11 Jutta Kiencke-Wagner: Das Werk von Gerlind Reinshagen. Gesellschaftskritik und utopisches Denken. 1989.

Band 12 Susanne Werling: Handlung im Drama. Versuch einer Neubestimmung des Handlungsbegriffs als Beitrag zur Dramenanalyse. 1989.

Band 13 Jürgen Hillesheim: Die Welt als Artefakt. Zur Bedeutung von Nietzsches „Der Fall Wagner" im Werk Thomas Manns. 1989.

Band 14 Jörg Marx: Lebenspathos und ‚Seelenkunst' bei Stanislaw Przybyszewski. Interpretation des Gesamtwerkes unter besonderer Berücksichtigung der weltanschaulichen und kunsttheoretischen Positionen sowie der Poetik. 1990.

Band 15 Edward McInnes: ‚Eine untergeordnete Meisterschaft?' The Critical Reception of Dickens in Germany 1837-1870. 1991.

Band 16 Andrea Stoll: Erinnerung als ästhetische Kategorie des Widerstandes im Werk Ingeborg Bachmanns. 1991.

Band 17 Werner Brand: Der Schriftsteller als Anwalt der Armen und Unterdrückten. Zu Leben und Werk Walter Kolbenhoffs. 1991.

Band 18 Birgit Graafen: Konservatives Denken und modernes Erzählbewußtsein im Werk von Hermann Lenz. 1992.

Band 19 Barbara Krauß-Theim: Naturalismus und Heimatkunst bei Clara Viebig. Darwinistisch-evolutionäre Naturvorstellungen und ihre ästhetischen Reaktionsformen. 1992.

Band 20 Birgit Kneip: Zwischen Angriff und Verteidigung. Satirische Schreibweise in der deutschen Erzähl- und Dokumentarprosa 1945-75. 1993.

Band 21 Wolfgang Düsing (Hrsg.): Experimente mit dem Kriminalroman. Ein Erzählmodell in der deutschsprachigen Literatur des 20. Jahrhunderts. 1993.

Band 22 Bernd Waldmann: „Schiller ist gut – Schiller muß sein!" Grundlagen und Funktion der Schiller-Rezeption des westdeutschen Theaters der fünfziger Jahre. 1993.

Band 23 Bernd Kiefer: Rettende Kritik der Moderne. Studien zum Gesamtwerk Walter Benjamins. 1994.

Band 24 Eva Borst: Über jede Scham erhaben. Das Problem der Prostitution im literarischen Werk von Else Jerusalem, Margarete Böhme und Ilse Frapan unter besonderer Berücksichtigung der Sittlichkeits- und Sexualreformbewegung der Jahrhundertwende. 1993.

Band 25 Doortje Cramer: Von Prag nach New York ohne Wiederkehr. Leben und Werk Hermann Grabs (1903-1949). 1994.

Band 26 Elisabeth Hillesheim: Die Erschaffung einer Märtyrers. Das Bild Albert Leo Schlageters in der deutschen Literatur von 1923 bis 1945. 1994.

Band 27 Claudia Bibo: Naturalismus als Weltanschauung? Biologistische, theosophische und deutsch-völkische Bildlichkeit in der von Fidus illustrierten Lyrik (1893-1902). Mit einem Anhang: Organisationen der Deutschgläubigen Bewegung. 1994.

Band 28 Roswita Schwarz: Vom expressionistischen Aufbruch zur Inneren Emigration. Günther Weisenborns weltanschauliche und künstlerische Entwicklung in der Weimarer Republik und im *Dritten Reich*. 1995.

Band 29 Martin Steinmetz: Fernando Pessoa und Gottfried Benn. Eine vergleichende Studie zur Identitätsproblematik in der Dichtung des 20. Jahrhunderts. 1995.

Band 30 Helena Frenschkowski: Phantasmagorien des Ich. Die Motive Spiegel und Porträt in der Literatur des 19. Jahrhunderts. 1995.

Band 31 Verena Mahlow: „Die Liebe, die uns immer zur Hemmung wurde...". Weibliche Identitätsproblematik zwischen Expressionismus und Neuer Sachlichkeit am Beispiel der Prosa Claire Golls. 1996.

Band 32 Irene Schüpfer: „Es war, als *könnte* man gar nicht reden." Die Kommunikation als Spiegel von Zeit- und Kulturgeschichte in Eduard Mörikes *Maler Nolten*. 1996.

Band 33 Elisabeth Fillmann: Realsatire und Lebensbewältigung. Studien zu Entstehung und Leistung von Werner Krauss' antifaschistischem Roman „PLN. Die Passionen der halykonischen Seele". 1996.

Band 34 Gerd Schattner: Der Traum vom Reich in der Mitte: Bruno Brehm. Eine monographische Darstellung zum operationalen Charakter des historischen Romans nach den Weltkriegen. 1996.

Band 35 Doris Kolesch: Aufbauende Zerstörung. Zur Paradoxie des Geschichts-Sinns bei Franz Kafka und Thomas Pynchon. 1996.

Band 36 Susanne Marschall: TextTanzTheater. Eine Untersuchung des dramatischen Motivs und theatralen Ereignisses „Tanz" am Beispiel von Frank Wedekinds *Büchse der Pandora* und Hugo von Hofmannsthals *Elektra*. 1996.

Band 37 Peter W. Marx: Heiner Müller: *Bildbeschreibung*. Eine Analyse aus dem Blickwinkel der Greimas'schen Semiotik. 1998.

Band 38 Jürgen Kron: Seismographie der Moderne. Modernität und Postmodernität in Ernst Jüngers Schriften von *In Stahlgewittern* bis *Eumeswil*. 1998.

Band 39 Sabine Hillebrand: Strategien der Verwirrung. Zur Erzählkunst von E.T.A. Hoffmann, Thomas Bernhard und Giorgio Manganelli. 1999.

Band 40 Christina Jung-Hofmann: Wirklichkeit, Wahrheit, Wirkung. Untersuchungen zur funktionalen Ästhetik des Zeitstückes der Weimarer Republik. 1999.

Band 41 Stefan Schwöbel: Autonomie und Auftrag. Studien zur Kunsttheorie im Werk von Peter Weiss. 1999.

Band 42 Alexa Hennemann: Die Zerbrechlichkeit der Körper. Zu den Georg-Büchner-Preisreden von Heiner Müller und Durs Grünbein. 2000.

Band 43 Anne Waterstraat: „Ein System und keine Gnade". Zum Zusammenhang von Gottesbild, Sündenverständnis und Geschlechterverhältnis in ausgewählten Texten Marieluise Fleißers. 2000.

Band 44 Ina-Gabriele Dahlem: Auflösen und Herstellen. Zur dialektischen Verfahrensweise der literarischen Décadence in Heinrich Manns Göttinnen-Trilogie. 2001.

Band 45 René Geoffroy: Ungarn als Zufluchtsort und Wirkungsstätte deutschsprachiger Emigranten (1933-1938/39). 2001.

Band 46 Carola von Edlinger: Kosmogonische und mythische Weltentwürfe aus interdiskursiver Sicht. Untersuchungen zu Phantasus (Arno Holz), Das Nordlicht (Theodor Däubler) und Die Kugel (Otto zur Linde). 2002.

Band 47 Ruthild Kropp: Konstanz und Wandel der Pferdedarstellung in der neueren deutschen Literatur. Ein Beitrag zur Motivgeschichte des Pferdes. 2002.

Band 48 Ulrike Brandenburg: Hanns Heinz Ewers (1871-1943). Von der Jahrhundertwende zum Dritten Reich. Erzählungen, Dramen, Romane 1903-1932. Von der Genese des Arioheros aus der Retorte: Die Gestaltwerdung einer ‚deutschen Reichsutopie'. 2003.

Band 49 Katharina Theml: Fortgesetzter Versuch – Zu einer Poetik des Essays in der Gegenwartsliteratur am Beispiel von Texten Christa Wolfs. 2003.

Band 50 Brigitte Dörrlamm: Gasthäuser und Gerüchte. Zu integrativer Polyphonie im Werk Wilhelm Raabes. 2003.

Band 51 Brigitte Schultze: Der polnische Bauernfürst: Vom Bauern zum König. Arbeit am Stoff in vier Jahrhunderten. 2003.

Band 52 Ewa Makarczyk-Schuster: Raum und Raumzeichen in Stanisław Ignacy Witkiewiczs Bühnenschaffen der zwanziger Jahre oder Kann man am Ende der Bühne noch die Hand ausstrecken? 2004.

Band 53 Dörte Lütvogt: Raum und Zeit in Olga Tokarczuks Roman Prawiek i inne czasy (Ur- und andere Zeiten). 2004.

Band 54 Michael Hesse: Kunst als fraktales Spiel. Potentiale der Kommunikation in den Romanen Alfred Anderschs. 2004.

Band 55 Natalia Shchyhlevska: Deutschsprachige Autoren aus der Bukowina. Die kulturelle Herkunft als bleibendes Motiv in der Identitätssuche deutschsprachiger Autoren aus der Bukowina. Untersucht anhand der Lyrik von Paul Celan, Rose Ausländer, Alfred Kittner, Alfred Gong, Moses Rosenkranz, Immanuel Weißglas, Alfred Margul-Sperber, Selma Meerbaum-Eisinger, Klara Blum, Else Keren. 2., korrigierte Auflage. 2009.

Band 56 Ellen Graßmann: Frauenbilder im deutschen Roman der fünfziger Jahre. 2004.

Band 57 Frauke Lamberts: Die Muse und die Erinnerung. Stilistische und poetologische Analyse von Hans Joachim Schädlichs Roman Schott. 2005.

Band 58 Elinor Waldmann: Frank Wedekinds *Bismarck*. Deutschnationale Heldenverehrung oder Dokument subversiver Kritik. 2005.

Band 59 Ernst Günter Fröls: *Die Weber* in der Revision. Untersuchungen zu Quellen, Struktur und Intention von Hauptmanns Weberdrama. 2005.

Band 60 Martin Buchwaldt: Ästhetische Radikalisierung. Theorie und Lektüre deutschsprachiger Theatertexte der achtziger Jahre. Tankred Dorst: *Karlos*, Rainald Goetz: *Krieg*, Heiner Müller: *Bildbeschreibung*. 2007.

Band 61 Valeska Steinig: Abschied von der DDR. Autobiografisches Schreiben nach dem Ende der politischen Alternative. 2007.

Band 62 Agnieszka Rajewska-Perzyñska: Rolf Bongs. Dissoziation eines Schriftstellers im Spannungsfeld zwischen Selbststilisierung und Anpassung. 2009.

Band 63 Veronica Alina Buciuman: *Sinceritas*. Der poetologische Begriff in Hermann Hesses Prosawerk. 2010.

Band 64 Annette Peitz: Chick Lit. Genrekonstituierende Untersuchungen unter anglo-amerikanischem Einfluss. 2010.

Band 65 Kuessi Marius Sohoudé: Rechtsstaatlichkeit und Verantwortlichkeit bei Heinrich von Kleist. 2010.

Band 66 Walter Schmidt: Zimmerspiele Mainz / Haus am Dom. Ein Zimmertheater der Nachkriegszeit (1950-1959/60) oder Der Versuch, poetische Schwingungen zu erzeugen. 2010.

Band 67 Komi Kouma Kougblenou: Studien zur Entwicklung der kulturellen Norm „Toleranz". Die Forderung nach Toleranz gegenüber den Juden in der deutschen Literatur von der Aufklärung bis zur Gründerzeit. 2010.

Band 68 Véronique Liard / Bernhard Spies (Hrsg.): Aneignung und Abgrenzung. Studien zur Relativität kultureller Grenzziehungen zwischen der französischen und der deutschsprachigen Literatur im 19. und 20. Jahrhundert. 2013.

Band 69 Aglaia Bianchi: Shoah und Dialog bei Primo Levi und Ruth Klüger. 2014.

www.peterlang.com

www.ingramcontent.com/pod-product-compliance
Ingram Content Group UK Ltd.
Pitfield, Milton Keynes, MK11 3LW, UK
UKHW041922210426
5322IPUK00002B/10